CONSPIRACIÓN ATLÁNTIDA

El retorno desde el abismo

DINO ALREICH

CONSPIRACIÓN ATLÁNTIDA

El retorno desde el abismo

DINO ALREICH

Título: Conspiración Atlántida: El retorno desde el Abismo

Sobre el autor

Dino Alreich ha publicado anteriormente las novelas: *"El resurgir de la esvástica"* (Ed. Nowevolution 2010 / Forsa Editores 2011), *"Nazis: Más allá del 2012"* (Ed. Corona Borealis 2011), *"Mayas: el ciclo desconocido"* (Ed. Corona Borealis 2012), *"El apóstol Pablo"* (2014), y *"El ángel, la luna y la paloma"* (2013); donde sigue la misma temática sobre conciencia en los problemas del mundo actual. También ha publicado *"Señor, ¿Cuál es mi propósito en esta vida?"*, *"Después de deshecha mi piel: Lágrimas de una guerra espiritual"*, *"Edificando mi casa sobre la roca"*, *"Conspiración Watchtower"*, *"El misterio del reino de los cielos revelado Tomo I - III"*, y *"Cosas que el abuelo hacía en secreto para mejorar su salud"* (Tomo I y II) (2013).

Dedicatoria

Dedico este libro a todos aquellos que aman la verdad y la libertad. A todos esos mártires por la verdad. A aquellos que no han vendido su conciencia.

Agradecimientos

Agradezco a Dios por toda su ayuda en la elaboración de este libro. A mi familia por brindarme el tiempo para poder escribir este libro.

Índice

"El pensar es un misterio, el hablar es un misterio. El hombre, un abismo."

—*Jaime Balmes*

Prólogo

Isla de Santorini
20 de Septiembre de 2011
7:00 p.m.

Joseph Betterson, el renombrado arqueólogo e investigador cincuentón se encontraba en la habitación número doce en el lujoso hotel y se había recostado sobre la cama luego de un largo viaje. Media hora antes se había despedido de su colega y buena amiga la señorita Brittanny Canuso. Ambos habían arribado a Grecia provenientes de Estados Unidos como una asignación especial para el *Instituto de Arqueología* el cual había pasado a ser propiedad de un acaudalado hombre quien pertenecía a una familia real europea. El nuevo dueño del Instituto, el señor. Weilburg, estaba muy interesado en descubrir la verdadera ubicación de lo que él consideraba era la ciudad perdida de la Atlántida. Joseph Betterson y Brittanny Canuso debían presentarse el día 21 de Septiembre en el congreso que se llevaría a cabo en la isla de Santorini cuyo tema y propósito lo era compartir ideas y tesis sobre la base histórica geográfica de la ciudad perdida mencionada por Platón en sus escritos. El señor Weilburg se interesó en los dos arqueólogos ya que Esteban Brown, el anterior dueño, los había referido pues ambos estuvieron presentes en los anteriores congresos celebrados en Milos y en Atenas. Aunque el propósito del congreso no era determinar exactamente la ubicación de Atlántida, la ciudad perdida, siempre existía en el interior del señor Weilburg alguna esperanza de poder encontrar pistas que lo pudieran conducir a lo que consideraba sería su más importante hallazgo. Para lograrlo, el señor Weilburg no escatimaría en gastos.

El cansancio del largo viaje hizo que Joseph Betterson cayera rendido sobre la cama. Tal parecía que las cinco décadas de edad ya le estaban pesando en sus hombros. No pasó mucho tiempo cuando Betterson se vio a si mismo en su sueño caminando por las calles de Grecia. El ambiente de las calles era lóbrego y los pasos de la gente se mostraban acelerados. Parecía que todos huían de la mirada inquisidora de toda clase de vigilantes en lugares recónditos. En toda la ciudad y fuera de ella reinaba el poder dictatorial de un misterioso líder político quien subió al poder de forma súbita y por la conspiración de la mano oscura de seguidores del ocultismo y religiosos paganos quienes unidos a sociedades secretas tras bastidores se impusieron sobre toda la tierra. La gente se había tornado en seres mecanizados. Parecían no mostrar emociones algunas en sus rostros al ir tras los designios de aquel nuevo líder mundial el cual millones admiraban. El ambiente social era completamente distinto y aterrador. Extrañas y espeluznantes criaturas mecánicas habían invadido e infectado todas las ciudades. Estaban hechas de un material solidó parecido a fibras de carbono y se asemejaban a terribles y mortales escorpiones. Aunque el aspecto de estos monstruos mecánicos imitaba a destructoras langostas, escorpiones y toda clase de reptiles, habían sido programados y dirigidos por poderosas computadoras que los impulsaban a perseguir humanos. Se movían y actuaban como si tuvieran mentes propias, su meta, devorar almas de hombres.

Betterson se mostraba alerta y sorprendido de aquel extraño escenario. Cada esquina de la ciudad estaba arropada por cámaras intrusas que perseguían cada movimiento de toda la gente. Una tecnología terrible que rastreaba almas de hombres y monitoreaba cada instante de sus vidas. No estaban allí por casualidad. Fueron colocadas de forma astuta utilizando situaciones provocadas para justificar su presencia y conseguir limitar la privacidad de los humanos. Primero vinieron los crímenes y atentados en la sociedad, luego le siguieron los levantamientos de los grupos de disidentes y subversivos, luego proliferó la anarquía que se convirtió en la excusa necesaria para que el nuevo gobierno mundial implantara medidas drásticas de seguridad. Para muchos, los sistemas de vigilancia y de rastreo eran cosa muy positiva y necesaria, sin embargo, la mayoría de la gente estaba completamente ignorante de que se trataba de un complejo plan de control humano. El sistema de vigilancia se encontraba en las manos de terribles verdugos que obedecían el mando de un maquiavélico dictador sobre todas las ciudades. Cada situación de la sociedad fue minuciosamente calculada para conseguir los resultados deseados.

Joseph Betterson se comenzó a sentir oprimido y perseguido por el sistema. De manera inexplicable sus pies se movían procurando impedir ser visto por las cámaras que parecían omnipresentes. Los *"robots"* que controlaban las cámaras las hacían perseguir el calor humano y giraban en búsqueda de diminutos artefactos que estaban siendo colocados sobre toda la gente. Una diminuta semilla surgida de la nanotecnología hacia posible la ubicación exacta de toda persona cuando era inyectada sobre todos. Las cámaras de vigilancia estaban diseñadas para enviar todo dato que recolectaban hacia los satélites en el espacio los cuales a su vez respondían a una súper computadora la cual conspiradores habían programado para perseguir a todos. De la misma forma, la súper computadora tenía la capacidad de delatar y activar cuerpos de soldados de antemano predispuestos a obedecer sus designios fueran los que fueran. Cada individuo sobre las ciudades era reconocido e identificado. La privacidad fue completamente eliminada. El estado vino a ser el dueño y señor de toda la gente siendo incorporado en la figura de un líder mundial al cual las naciones le entregaron todo el poder. Todos aquellos que protestaban contra la hostilidad y rudeza del nuevo orden mundial y se negaban a rendirle pleitesía al nuevo gobernante mundial eran llevados por la fuerza a miles de paredones para ser aniquilados. Al nuevo sistema no le importaba raza, sexo, edad, ni religión a la hora de imponerse por medio del fascismo sobre sus víctimas. Todo rebelde o subversivo contra el sistema era considerado merecedor de la muerte.

En la calle y entre la multitud Brittanny Canuso venía desorientada y agitada tropezando entre la gente y procurando alcanzar a Betterson.

—¿Qué está sucediendo en toda la ciudad? ¿De dónde han salido todos estos opresores? —preguntó Betterson a su amiga refiriéndose a los soldados y a las extrañas máquinas de vigilancia.

—Tenemos que salir de este terrible lugar. —dijo Canuso con tono exhausta y con una mirada de incomprensión de todo lo que sucedía a su alrededor.

—Pero, ¿adónde? —preguntó Betterson poniendo en su rostro una mirada de incógnita.

Brittanny Canuso agarró fuertemente a Betterson por el brazo derecho y lo condujo a una casa abandonada aledaña. Una vez allí, ambos guardaron silencio mirando entre las rendijas aquel oscuro escenario que se levantaba sobre la ciudad. El día estaba llegando a su final y en los cielos se comenzaban a ver cientos de luces desconocidas que infectaban los cielos. Se trataba de una tecnología asombrosa e impresionante que había sido diseñada por la milicia en los lugares recónditos y secretos de la tierra. Mientras la sociedad dormía, unos terribles generales y sus soldados adoctrinados en el ocultismo y en prácticas paganas se habían entregado a los intereses de poderosos reyes y gobernantes que servían a antiguas deidades surgidas en el mundo antiguo de Babilonia y Egipto. Cultos y ritos ancestrales que demandaban sangre a cambio de poder y riquezas eran seguidos por gente muy poderosa en este tiempo. El propósito de estos poderosos era el dominar el mundo por la fuerza y esclavizar a todos los humanos a sus designios. Para lograr sus objetivos, estos poderosos del mundo se fueron infiltrando en todas las plataformas de la sociedad. Se infiltraron y controlaron todas las plataformas sociales que daban forma a la sociedad. Mientras la sociedad estaba hundida en la ignorancia y en el entretenimiento, ellos en cambio trabajaban y conspiraban creando el escenario para su último y mortal ataque que consistía en esclavizar al mundo. Todo entretenimiento social y toda clase de desenfreno por placeres eran el producto de agendas secretas cuyo propósito era hundir a muchos en el entontecimiento entre tanto los conspiradores adelantaban sus planes sin estorbo alguno. Los enemigos de la sociedad infectaron las calles con toda clase de cosas nocivas como el opio y narcotráfico que entontecía las mentes de las masas. De forma secreta facilitaron la venta y distribución de los venenos que mantenía a la gente cautiva, entontecida y ciega. Crearon un sistema de venta e imposición de medicamentos cuyo propósito secreto era el ir restando inteligencia a los hombres y de esta forma mantenerlos en esclavitud perpetua al controlar sus mentes. Los enemigos de la sociedad infectaron los aires para causar toda clase de males físicos sobre la gente y de esta forma se lucraban conduciendo a la sociedad a comprar los medicamentos en cuyas fábricas los conspiradores poseían sus acciones de dinero. Se lucraban del dolor humano, siempre provocado por el amor al dinero. Poderosos y perversos eran los urdidores quienes se lucraban de toda clase de transacción de dinero humano, y quienes se adueñaron de toda clase de fuentes de energía y recursos sobre la tierra. Al adueñarse de las riquezas fueron sometiendo toda la sociedad y enseñoreándose de todo lo que existe. De esta manera se imponían sobre toda plataforma del mundo y conducían a todos hacia sus designios. Aquel escenario que ahora se mostraba en todas las naciones era completamente nauseabundo. Un mundo en manos de personas egoístas y que buscaban la esclavitud de toda la raza humana para ser servidores de los ricos, racistas y perversos.

Los pasos de cientos de legiones de soldados que de forma súbita fueron saliendo de las partes bajas de la tierra fueron estremeciendo las calles. Sus pisadas eran semejantes a golpes de hierro sobre la tierra. Su presencia ocasionaba el terror en todos a su alrededor. No había expresión humana en sus rostros. Se presentaban como cuerpos muertos que simplemente obedecían las directrices de aquellos quienes lavaron sus cerebros conforme a las doctrinas de las tinieblas.

—Tenemos que irnos de este lugar. Aquí no estamos seguros. —dijo Canuso llena de espanto al mirar por la rendija de aquella vieja casa oscura y abandonada.

—Esperaremos que oscurezca por completo y de esta forma nos moveremos a un nuevo refugio. —sugirió Betterson.

Betterson y Canuso pensaban que estaban solos en aquella casa abandonada. Allí guardaban silencio y sólo observaban llenos de espanto todo alrededor. Los soldados que invadían las calles se mostraban muy violentos. Buscaban personas que no tuvieran la nueva marca impuesta por el nuevo dictador del mundo y tenían órdenes de matar a todos los que no le rendían pleitesía. De forma compulsoria estaban sellando a los humanos como si se tratara de simples mercancías. Aquellas almas en las cuales en su interior ardía el infierno no hacían resistencia alguna contra los verdugos que los sometían. En cambio, las almas puras huían de éste control desmedido que ahora se levantaba contra todos. Por medio de esa nueva marca tecnológica aseguraban un control total sobre cada hombre, mujer, niño y anciano sobre toda la tierra. Control que ahora le era cedido y entregado al más perverso y terrible de todos los dictadores que jamás haya reinado sobre la tierra. La marca era un diminuto artefacto tecnológico que servía para rastreo y control total sobre las almas de los hombres. Aquellos que no se lo dejaban implantar eran considerados enemigos del sistema y terroristas, dignos de la pena capital.

Una vez ya estaba mucho más oscuro, Canuso se mostraba nerviosa e inquita.

—¡Vámonos! —dijo ella.

—No salgan de este lugar. —se escuchó la voz de una anciana que salía del fondo de la oscuridad de aquel lugar tenebroso.

Betterson y Canuso se llenaron de espanto y terror pues pensaban que estaban solos en aquel lugar. De repente se fue acercando a ellos una anciana que mostraba por medio de su rostro ocho décadas de sufrimiento y de agonía. Su maltratado rostro se fue dejando ver según se iba acercando a la ventana por donde penetraba una luz pobre que provenía de las calles y que se filtraba por las rendijas y agujeros de aquella vieja casa.

—¿Quién anda allí? —preguntó Canuso con voz temblorosa y entrecortada.

—El espíritu de la muerte anda suelto sobre toda la ciudad. —dijo la anciana con tono muy serio y que provocaba espanto.

Los ojos de Betterson y Canuso se llenaron de pavor. Aquella misteriosa anciana poseía un aspecto fantasmagórico. Sus cabellos blancos y su ropa antigua parecían no corresponder a aquella época, sino que evocaba de forma extraña a siglos anteriores.

—Sólo las almas puras podrán escapar de los devoradores de hombres. Los muertos se contarán por millares y la sangre de muchos será derramada en las plazas. —dijo la anciana refiriéndose a los soldados y máquinas que sometían a la ciudad por la fuerza.

—Señora, dígame usted, si lo sabe, ¿de dónde han salido estos opresores y verdugos que hoy andan derramando la sangre de muchos en la sociedad? —preguntó Betterson.

—Son los perros del infierno, hijos de la magia y de la hechicería. Son el fruto de generaciones de culto a los ancestros paganos de civilizaciones antiguas. Estos se han organizado y ahora han sometido los gobiernos para llevar a cabo su horrendo plan de control humano. Ellos son el vivo ejemplo de la soberbia de ciudades antiguas como la Atlántida, Babilonia y Egipto. Sus raíces tienen en los secretos de la oscuridad. Cualquiera que desea vencer este sistema debe morir primero. —dijo la anciana.

Cuando la anciana hablaba la piel de Betterson y Canuso se erizaba por el temor que le produjeron aquellas palabras. De pronto se escuchó un estruendo. Imponentes soldados procuraban derribar la puerta y las ventanas de aquella casa. Betterson y Canuso fueron descubiertos. La misteriosa anciana desapareció tan rápido como se les presentó a ambos.

En la ciudad el cuadro que se mostraba era de total hostilidad y escasez de amor. Betterson y Canuso se vieron caminando a toda prisa y por la fuerza agarrados por sus brazos de mala manera de parte de los soldados. Ambos miraban a su alrededor y solo podían ver soldados que hablaban un lenguaje extraño. Los civiles que no poseían la marca del estado corrían de un lado a otro aterrorizados. Los imponentes guardias y soldados eran la personificación de ángeles de la muerte. Betterson y Canuso comenzaron a notar que muchedumbres eran conducidas por la fuerza en dirección a la plaza central de la ciudad. Los verdugos habían convertido aquel lugar en un sangriento paredón.

—Ustedes dos, únanse a la fila. —ordenó uno de los soldados apuntando con su ametralladora hacia Betterson y Canuso.

A Betterson y Canuso el mundo les parecía algo irreal, alguna clase de pesadilla. Toda aquella realidad parecía imposible de asimilar. Todo aquel escenario triste contrastaba con lo que anteriormente fue un ambiente lleno de promesas de paz, igualdad y justicia social de parte de todos los gobiernos de la tierra. Todo terminó tan pronto el líder mundial absorbió todos los poderes.

Betterson y Canuso forcejeaban tratando de zafarse de las manos de aquellos soldados pero cada intento era infructuoso.

—¡A las filas! —gritó de forma ruda uno de los soldados.

Las rodillas de Betterson y Canuso parecían debilitarse cada vez más. Sus corazones desfallecían viendo como en la plaza se escuchaban las detonaciones de las armas de los soldados y se veía a la gente desplomándose a los pies de las perversas marionetas del infierno. Toda persona que rechazaba la marca del estado sobre ellos era aniquilada públicamente. Las lágrimas no cesaban de bajar por el rostro de Canuso. Su mirada incrédula no era única sino común en la mayoría de los civiles que ahora eran considerados rebeldes al rechazar el control absoluto del estado dictador sobre ellos.

—¡Fuego! —gritó un soldado.

Cada una de las detonaciones y disparos hacia que todos los corazones de las víctimas y testigos se estremecieran. Los cuerpos que se veían caer eran de hombres, mujeres, niños y ancianos. No tenían misericordia alguna aunque las víctimas fueran mujeres embarazadas, eran asesinadas de igual forma. Los urdidores de todo este genocidio se encargaron de hacerle creer a los soldados y lavarles los cerebros de tal forma que pensaran que lo que hacían, por más terrible que fuera, era hacer la voluntad de Dios y por el bien de sus almas y destino eterno. De esta manera, los soldados se movían de un lado a otro sólo obedeciendo los designios de sus superiores.

Algunos niños lograban ocultarse de estos verdugos y observaban aterrorizados este escenario. Desde las rendijas permanecían siendo testigos de todo aquel cuadro terrible. Los edificios viejos y abandonados les servían de camuflaje. Aquellos sonidos y estruendos de armas parecían partir el corazón inocente de los pequeños. Muchos salían huyendo completamente desconsolados al ver a sus familiares perder la vida en las plazas. Las madres lloraban por sus hijos y los hijos por sus madres.

—¡No quiero morir! —exclamó Canuso mirando a Betterson quien se mostraba pálido.

Frente a aquel escenario ambos mostraban gran decaimiento en sus rostros.

Canuso era una joven de apenas treinta años de edad, y ahora parecía estar llegando a su final.

Betterson y Canuso fueron empujados al frente de la plaza. Ambos cerraron sus ojos fuertemente. Apretaron sus puños mientras una decena de soldados a poco menos de diez metros apuntaban con sus armas hacia sus cuerpos. Los dedos de los soldados halaron los gatillos de las armas. El estruendo hizo que Betterson despertara sobresaltado sobre la cama de aquel hotel. Eran apenas las 4:00 a.m. Betterson respiraba de forma agitada y dándole gracias a Dios que aquello fue solo una terrible pesadilla y no una penosa realidad. En su mente permanecía el tormentoso recuerdo de las palabras de aquella misteriosa anciana que le retumbaba de forma molestosa: *«Son los perros del infierno, hijos de la magia y de la hechicería. Son el fruto de generaciones de culto a los ancestros paganos de civilizaciones antiguas. Estos se han organizado y ahora han sometido los gobiernos para llevar a cabo su horrendo plan de control humano. Ellos son el vivo ejemplo de la soberbia de ciudades antiguas como la Atlántida, Babilonia y Egipto. Sus raíces tienen en los secretos de la oscuridad. Cualquiera que desea vencer este sistema debe morir primero.»*

Un extraño presentimiento comenzó a invadir a Betterson. Su búsqueda de la verdad sobre la Atlántida lo llevaría cada vez más cerca del misterio que rodeaba los orígenes de la ciudad y que perduraría hasta hoy. Misterio que podría trastornar sus pensamientos y sumergirlo en una terrible realidad social.

Los Hechos

La legendaria isla de la Atlántida – El lugar conocido como *"la isla de Atlantis"* ha sobrevivido a milenios de minuciosa búsqueda por arqueólogos e investigadores de toda la tierra. Ecos provenientes de los relatos de Platón, el filósofo griego, no han dejado de retumbar durante siglos en la mente millares de eruditos e investigadores de civilizaciones antiguas y modernas. En el siglo IV a.C. Platón impartió enseñanzas en su Academia en Atenas con el propósito de formar políticos y gobernantes. Sus enseñanzas incluían las matemáticas como cosa sagrada, la filosofía y la astronomía. Platón hablaba de una sociedad gobernada por aquellos adoctrinados en lo que consideraba era la sabiduría y de esta manera proponía una sociedad estratificada de mayor a menor de acuerdo a sus niveles de inteligencia por encima de riqueza, fuerza o linaje familiar. Afirmaba que los filósofos debían gobernar el mundo, sin embargo reconoció la incompatibilidad de poseer reyes filósofos. Hablaba de un estado perfecto, de una utopía donde los seguidores de lo que consideraba su sabiduría debían regir sobre las otras dos clases que según él debían ser los guerreros y los trabajadores. Dentro de su mundo de ideas propuso que los niños debían ser separados de sus padres para ser educados según los intereses de la república que idealizó. La misteriosa ciudad de la Atlántida fue propuesta de forma veraz en sus escritos. No habló de una democracia sino de ideas de soberanos controladores gobernando sobre todas las cosas y determinando el futuro y la existencia de sus ciudadanos. Su "ciudad celeste" se refería a la enigmática Atlántida de la cual aseguró provenía la sabiduría. Rendía homenaje a esa mística ciudad que según sus mentores estaba localizada más allá de las Columnas de Heracles, nombre dado al Estrecho de Gibraltar. La ciudad y objeto de culto de la que consideraban procedía la sabiduría que Platón enseñaba estaría ubicada en lo que conocemos hoy el vasto lugar donde se encuentra el mar Atlántico. Un vasto territorio o colina que se elevaban en el mar cuando todavía la tierra no había sufrido los cambios geológicos de una separación tan drástica entre el continente americano y lo que conocemos hoy de Europa y África. Una tradición oral milenaria que hacía referencias a una leyenda que permanecía en el recuerdo de los sacerdotes de la ciudad de Sais, en el bajo Egipto, fue parte del legado que hiciera Solón, un hombre considerado por los griegos como poseedor de gran sabiduría, a los parientes más cercanos de Platón. Desde niño, Platón escuchaba de boca de su padre Aristón la historia a la cual le hizo referencia Solón, muchos años antes, sobre una poderosa ciudad de la cual aseguraban poseía sabiduría y grandes adelantos científicos maravillosos y que era parte del conocimiento de los egipcios. La historia no arroja mucha luz en torno a alguna clase de vínculos de Sócrates, maestro de Platón, en torno a alguna clase de referencia de su parte sobre la historia de la ciudad perdida de la Atlántida. Pero sí es obvio que era una historia popular entre aquellos que reclamaban poseer la sabiduría, por lo que no se puede descartar al mismo Sócrates en medio de todas estas ideas. El legado o la transmisión del misterio de la Atlántida el cual consideraban sagrado perduró siglo tras siglo por la boca y el interés de gente de las clases altas y de ricos gobernantes. Fue de esta manera que desde la misma cuna de Egipto, la historia sobre la Atlántida perdida se fue extendiendo por el mundo en ciudades como Grecia por la boca y escritos de Platón, quien a su vez la transmitió a Aristóteles. De Aristóteles pasó al poderoso Alejandro Magno. De ésta manera dicho conocimiento que consideraban secreto, misterioso y enigmático iba llamando la atención de aquellos que reclamaban poseer la sabiduría, las riquezas y los secretos del mundo y de la antigüedad hasta tiempos modernos. Esa continua búsqueda no sólo de la ciudad perdida de la Atlántida, sino también de lo que muchos consideran "sabiduría celestial" vino a ser parte de las ideas centrales en la mentalidad de dictadores y fascistas en los últimos tiempos como Hitler en el siglo XX dispuestos a aniquilar a millones de personas con el propósito de "purificar" la tierra de lo que consideraban eran las razas inferiores y animales para exaltar la raza de los "dioses superiores". Hoy, en el siglo XXI y por más extraño que parezca, esas ideas descabelladas de una súper raza sigue siendo la mentalidad predominante en los linajes más ricos y poderosos de la tierra, siempre dispuestos a crear una utopía o dictadura mundial donde los seres a quienes consideran inferiores deberán ser convertidos en esclavos a su servicio. Para lograrlo han hecho uso de toda clase de lazos con fuerzas espirituales de la oscuridad a quienes consideran ser sus guías espirituales. Fue por medio de esa "guía espiritual" y por medio de la dirección de seres extraños y "celestes" que dictadores como Adolfo Hitler y su colaborador Himmler ordenaron la matanza sistemática de judíos y otras personas pues ese era el designio de los "dioses". Esas ideas racistas y perversas siguen latentes hoy en los mismos núcleos masónicos de los cuales beben los políticos y gobernantes de la mayoría de las naciones. Fue por medio del adoctrinamiento de las logias secretas que se dio forma a la mentalidad de terribles dictadores. La masonería, heredera de lo que muchos en las clases altas consideran la sabiduría antigua proveniente de los templarios y sociedades secretas sigue un enlace directo hacia los misterios paganos de Egipto, de la misma forma que la historia de la Atlántida llegó a oídos de Platón en un principio por medio de tradiciones orales. De esta manera la creencia en mitologías, leyendas y diferentes filosofías siguen reinando en la mente y formando parte de los ideales de aquellos que dirigen las naciones modernas. Mientras la sociedad se encuentra dormida, aquellos poderosos que planean todo lo que acontece en la vida política, religiosa, social y económica del mundo, lo mueven como si fuera un juego de ajedrez lentamente hacia los fines e intereses de aquellos que se consideran a si mismos dioses y que no tardaran mucho tiempo en utilizar toda la tecnología moderna para esclavizar almas de hombres. No nos debe extrañar que desde el abismo y de la profundidad de la tierra surja lo que una vez fue para muchos una leyenda y hoy convertida en toda una agenda política de control social. Una utopía que fue seguida y buscada por los fascistas y nazis y que pretendía asombrar al mundo con lo que consideran es su sabiduría ocultista. Buscaban y aún hoy persiguen un dominio de la ciencia y la tecnología. En el pasado, esto los llevó a querer construir toda clase de naves e inventos que son catalogados hoy de ciencia ficción para muchos. Hoy, para los militares dominados por toda una red de urdidores fascistas partidarios de ideas de control mundial, son una realidad palpable. El ejemplo de la historia del III *reich* de Hitler nos debe alarmar y advertirnos que todas esas ideas nunca desaparecieron sino que fueron absorbidas por otras potencias fascistas que continúan la misma búsqueda absurda de restaurar sobre la tierra lo que una vez fue la enigmática ciudad perdida de la Atlántida. El día menos esperado, la sociedad completa podrá abrir los ojos y darse cuenta que los hijos de la Atlántida siempre han estado entre nosotros procurando controlar y dominarlo todo, energía, toda clase de recursos y bienes materiales, la política, las leyes, los medios de comunicación, la educación, la religión, la economía, y toda área de la sociedad para conducirla hacia una ciudad que lejos de ser una ciudad divina o de características celestes, mas bien se trata de la peor de todas las dictaduras que jamás haya visto la humanidad.

Parte A

En búsqueda de la Atlántida

"La leyenda es hija adoptiva de la historia."
—Enrique Jardiel Poncela

Capítulo 1
Nacimiento de una leyenda

Isla de Santorini
21 de Septiembre de 2011
6:00 a.m.

Joseph Betterson había vuelto a dormirse luego de una inquieta noche interrumpida por indeseadas pesadillas. El cielo estaba nublado pero lo comenzaba a entrecortar los rayos del sol que se asomaba en el horizonte. El sonido del teléfono hizo que despertó a Betterson. Abrió sus ojos todavía turbios por el sueño perdido y extendió su mano derecha para alcanzar el teléfono. Frente a él se podía vislumbrar a través de la ventana el hermoso cuadro del mar azul que completaba la vista con una caldera volcánica de una cadena de pequeñas islas. Betterson al alcanzar el teléfono dejó caer la tarjeta que decoraba la mesilla de noche. Se podía leer el monograma: BIENVENIDO A ALEXANDER'S HOTEL OF OIA.

Los rayos del sol fueron venciendo las muchas nubes grises en el cielo y penetrando por la ventana del hotel obligaron a Betterson a levantarse.

Betterson tomó el teléfono.

—Sí, hola. —contestó.

—Señor Betterson, soy yo, Brittanny Canuso. Le llamo a esta hora ya que el señor Weilburg se ha comunicado conmigo para decirme que el chofer y guía nos recogerá dentro de una hora para llevarnos al lugar donde se celebrará el congreso de arqueología.

—Gracias por comunicarte, en breve estaré listo. Nos encontraremos frente al lobby abovedado. —dijo Betterson colgando el teléfono.

Betterson se levantó de su cama y bostezando se dirigió a darse un baño de agua caliente.

El congreso sobre arqueología tenía como tema LA ATLÁNTIDA PERDIDA. Duraría varios días y era de esperarse que periodistas, investigadores, arqueólogos, antropólogos y gente eminente y distinguida se diera cita en Santorini.

Pasados cuarenta minutos ya Betterson estaba esperando a la señorita Canuso en el lobby. El hotel se veía bastante transitado. De forma segura, la gran mayoría de huéspedes se darían cita en el mismo lugar. Tanto la señorita Canuso como el señor. Betterson lucían muy elegantes. Todos los invitados se mostraban como personas de buena posición social. El señor Weilburg fue muy detallista y quiso tener preparado toda clase de transporte lujoso para sus asociados.

9:00 a.m.
Nomikos Conference Center

—«Ésta es la primera llamada» —se podía oír los altavoces convocando a los invitados a ocupar sus asientos.

Los cientos de invitados se dirigieron de forma ordenada hacia el amplio salón. Se podía ver en cada esquina múltiples reporteros y camarógrafos de diferentes noticieros internacionales transmitiendo aquel evento.

—¡Damas y caballeros! —saludó el presentador ante la audiencia que había llenado el *Nomikos Conference Center—,* nuestro conferenciante invitado para este congreso lo es el reconocido antropólogo y escritor, me refiero al Dr. Claude D. Alrich, quien actualmente está terminado de escribir su último libro titulado *"Atlántida: El retorno desde el abismo"* y quien ha escrito otros libros sobre diversidad de temas de conciencia social. Enfocados en la obra que nos concierne esta vez sobre la Atlántida, hemos de atender sus tesis e investigaciones al respecto.

El público presente demostró gran entusiasmo.

—El Dr. Claude D. Alrich ha escrito diversas novelas de tesis en la que presenta diferentes conflictos o problemas en torno a política, religión, economía y otros temas sociales. No son pocos los que están ansiosos por escudriñar y conocer cuales son las nuevas investigaciones que el autor ha estado trabajando en su último proyecto sobre la ciudad perdida de la Atlántida. Estamos seguros que el tema que les presentará dará lugar a más de un comentario. Sin nada más comentarios, ante ustedes, nuestro invitado especial. —dijo el presentador.

El público cortésmente aplaudió cuando el señor Alrich tomó el micrófono.

—Muchas gracias, señor Mohr. —dijo Alrich tomando su lugar en la tarima—. Es un gran honor para mí el poder estar en esta hermosa isla de Santorini junto a todos ustedes. Ustedes tienen el privilegio de escuchar mi última conferencia en público. Por razones ajenas a mi voluntad no estaré brindando ninguna otra presentación ni sobre éste tema ni ningún otro de ahora en adelante.

Al oír esto muchos en el público mostraban caras de rareza y se cuestionaban los motivos que pudiera el autor para tomar la decisión de alejarse del público.

—El tema que nos concierne a todos en este congreso lo es la historia y todavía para nosotros una leyenda, la enigmática cuidad de la Atlántida. Cuenta la milenaria leyenda iniciada por sacerdotes egipcios que hubo un tiempo remoto cuando los dioses reinaban sobre la tierra y se repartieron la tierra entre si para ser gobernada por ellos. Resalta en la leyenda un personaje al cual consideraban una deidad llamado Poseidón y sobre quien afirmaron regía sobre el mar. Según la leyenda y mitología, a Poseidón le fue entregado el territorio o isla que llevaría el nombre de la Atlántida. La mitología afirma que Poseidón es conocido por su unión con una mujer mortal llamada Clito y se afirma que fue el comienzo o nacimiento de una dinastía de reyes quienes fueron sus hijos y que gobernarían por siglos sobre la tierra. Esos hijos estarían compuestos por cinco pares de gemelos. Nueve de los diez hijos estarían sujetos a Atlas, el primer hijo en ver la luz, y de donde proviene la etimología del nombre de la ciudad. —argumentó Alrich.

Alrich hizo una pausa y le hizo señas al señor. Mohr para que le facilitara un micrófono a la audiencia para que pudieran hacer preguntas sobre el tema.

—Voy a hacer un paréntesis para que todos aquellos que quieran hacer sus preguntas se sientan en libertad de pasar al micrófono así lo hagan. —dijo el señor Alrich de forma muy amable.

El señor Alrich alcanzaba los sesenta años de edad pero no perdía su buena apariencia y mantenía su agradable y elegante estilo de vestimenta. La audiencia se sentía cómoda con su presencia.

—Señor Alrich, algunas personas han comentado que la Atlántida perdida pudiera ser una referencia en torno a la Torre de Babel mencionada en el Antiguo Testamento. ¿Qué usted nos puede decir en torno a este tema? —preguntó un caballero entre los oyentes.

—La Torre de Babel fue una edificación en forma de *zigurat* que según el relato del Génesis estaba ubicada en tierras de Sinar, lo que hoy sería Iraq. Cuenta la historia que un vigoroso cazador de nombre Nimrod estuvo estrechamente relacionado al tiempo de la edificación de la Torre de Babel. Nimrod pudo ser el primer rey luego del diluvio universal y un imponente personaje opuesto al Dios hebreo. Algunos han afirmado que Nimrod se refiere a Sargón I de Akkad, quien dio origen al primer imperio de los acadios. Cuenta el relato que el propósito de dicha edificación era "llegar al cielo" que se puede interpretar por ese deseo del hombre de alcanzar la divinidad de alguna manera. El relato nos dice que había soberbia en las intenciones de los edificadores la cual fue abatida por Yavé. Estos sufrieron la confusión de lenguas y la división. De allí surge la etimología de Babel que significa "confusión", porque fue el día cuando el mundo pasó de tener una sola lengua a diversificarse. Otros han identificado a Nimrod con el dios asirio de la guerra. Según el relato, Babel pudo haber tenido lugar dos mil años antes de Cristo. Aunque la historia de Babel posee algunas semejanzas con la Atlántida perdida, entraríamos en anacronismo de tiempo, época y diferentes aspectos si asumiéramos que se trata de un mismo lugar. —explicó Alrich.

—Señor Alrich, para beneficio de los neófitos en el tema, ¿podría brindarnos un breve resumen de la leyenda de la Atlántida? —interrumpió uno de los oyentes.

—Claro que sí. Con mucho gusto. —contestó el señor Alrich—. La Atlántida es una historia o como ya hemos mencionado, una leyenda para nosotros la cual fue dada a conocer en el siglo cinco antes de Cristo por Platón en uno de sus diálogos titulado "Critias" o "La Atlántida". En dicho dialogo se describe lo que pudo ser una guerra entre Atenas prehelénica y el misterioso imperio de la Atlántida. Se dice que la ubicación de dicha isla era "más allá de las columnas de Heracles" lugar el cual ha sido identificado por muchos como el Estrecho de Gibraltar. Estamos hablando de un tiempo cerca de trece mil años atrás cuando un terrible cataclismo que se describe como un posible terremoto, dio lugar a un tsunami que literalmente hundió la ciudad para siempre. —explicó Alrich.

—¿Puede describirnos la ciudad o isla? —preguntó uno de los invitados.

—Platón habló de una isla de unos doscientos mil kilómetros cuadrados pero se refería a un lugar estratificado en siete anillos concéntricos. Una clase de Acrópolis como ciudad principal y que pudo extenderse por un inmenso continente a su vez rodeado de muchas islas. Se encontraba allí un centro dedicado al ídolo Poseidón. Los anillos que componían los diferentes estratos eran intercalados de tierra y mar. Se presenta una clase de ciudad majestuosa compuesta de riquezas, conocimientos, palacios, ciudades hermosas, guardia organizada y una civilización muy avanzada. La mencionada legendaria ciudad pudo haber tenido lugar hace más de trece mil años atrás. Los habitantes de la Atlántida sufrieron su derrota frente a los atenienses y un cataclismo geológico de magnitudes colosales hizo desaparecer la totalidad de esa famosa civilización por lo que ahora es para todos nosotros una leyenda. Platón defiende la Atlántida en sus escritos como lo que debió ser la sociedad ideal. Platón habla de un orden político, un orden social, un orden económico y un orden religioso. Presenta a la sociedad siguiendo los designios de aquellos reconocidos como los poseedores de la sabiduría oculta y el culto a los ídolos pareciera ser no sólo una leyenda sino también la meta política mundial de muchos hoy que toman como ejemplo al igual que lo hizo Platón con la leyenda de la Atlántida.

Algunos han afirmado que los dominios de la Atlántida se extendían sobre el Mar Mediterráneo, pero otros aseguran que el territorio comprendía un lugar extenso al oeste pasando el Estrecho de Gibraltar, cosa que aumenta el misterio de la ciudad. Algunos investigadores modernos afirman que en el territorio donde se alega estuvo la Atlántida existe en el fondo del mar algunas pruebas de movimientos de enormes placas teutónicas las cuales pudieron sepultar la ciudad. La ciudad prácticamente fue borrada de la faz de la tierra, sin embargo, permanece el recuerdo y la memoria que nos llegó por medio de aquellos filósofos antiguos y hay quienes todavía la veneran. De lo que no se habla mucho es del día cuando los dioses descendieron y ocasionaron el cataclismo que puso fin a esa civilización en el décimo siglo antes de Cristo.

—Señor Alrich, entonces la destrucción de la Atlántida se asemeja mucho a lo sucedido con la antigua Babel mencionada en la Sagrada Biblia. —interrumpió uno de los invitados.

—Claro, existen ciertas similitudes. Entre ellas, que ambas edificaciones, tanto Babel como la Atlántida fueron construcciones en forma de *"zigurat"*, cuyo objetivo retaba a los dioses y envolvía a los hombres en soberbia. Esa soberbia o altivez es la causa del abatimiento o "juicio de Dios" como se le conoce a esta clase de cataclismos repentino. Algunos encuentran también cierta semejanza con la historia bíblica del castigo de Dios sobre los malos narrado en el libro de Ezequiel capítulo veintiocho donde se narra sobre el juicio sobre el rey de Tiro que muchos han identificado como un tipo o sombra de Lucifer y como fue lanzado desde los cielos por haber llenado su corazón de soberbia y orgullo y pretender usurpar el lugar de Dios. —contestó Alrich.

—Señor Alrich, de las expediciones arqueológicas modernas, ¿cuál es según su opinión la localización más certera de las posibles ruinas sobre la ciudad perdida? —preguntó Betterson.

—Me extraña que esa pregunta no me la hayan hecho antes. —dijo Alrich con tono jocoso—. Existen cerca de cuarenta lugares diferentes propuestos por diferentes personalidades. Cada cual interpretando los datos a su modo. Muchas de esas hipótesis de diversos investigadores contrastan con aquellos que ubican las ruinas de la Atlántida en la costa suroeste de España. Por más extraño que parezca han propuesto lugares como: El Triángulo de las Bermudas, Suramérica, Chipre, Reino Unido, en fin, toda clase de lugares que lo que hacen es despistar las mentes de los investigadores. Actualmente hay una controversia sobre su posible ubicación cerca de la ciudad de Cádiz, en una zona conocida como Marisma de Hinojos. En aquel lugar se han descubierto restos que algunos han catalogado como poseedores de características similares a las descritas por Platón en sus diálogos. También ha existido siempre la controversia entre equipos investigadores que se luchan el crédito de haber sido los primeros en "descubrir" las ruinas. —comentó Alrich.

Cuando Alrich hizo el comentario algunos del equipo de Kühne y de Montexano se sintieron aludidos mientras a otros se les escaparon varias carcajadas.

El señor Alrich les mostró a los invitados diferentes fotografías de algunas de las expediciones que hicieran los exploradores en las Bahamas, esto respondiendo a la propaganda que habían hecho en el año 1969 en torno a lo que parecía ser los muros de una ciudad en las profundidades de las islas Bimini. Sin embargo, todavía las rocas encontradas no concordaban con las fechas descritas por Platón en sus diálogos.

De algo Alrich estaba seguro, la costa sur de España hasta la ciudad de Sevilla estaban en los ojos de muchos equipos de investigadores con el deseo de explorar allí con la esperanza de dar con los restos de la ciudad perdida.

—Señor Alrich, ¿piensa usted que dicha "ciudad perdida" pudiera ser un mito, invento o idea así como Aristóteles dudaba de la veracidad de esa historia sobre la Atlántida? ¿Pudo ser un mito con el propósito de ilustrar lo que sería una república ideal? —preguntó Brittanny Canuso.

—Todo es posible. Si usted lee los diálogos de Platón se dará cuenta que se trata de una historia que pasó de oído en oído hasta su propio padre por boca de Solón, reformador y legislador de Grecia y uno de los sabios en el siglo VI antes de Cristo. Es muy probable que sean muchos los que tengan la idea sobre la

Atlántida como una ciudad real en vez de una leyenda por el hecho de las descripciones minuciosas ilustradas por Platón en sus escritos, sin embargo, existe la posibilidad que se refiera a meras metáforas de una utopía política. Tampoco se puede descartar que existiera en realidad ya que han sido muchas las ciudades antiguas que han desaparecido por diversos cataclismos sean tsunamis, volcanes y demás fenómenos de la naturaleza. Sólo por mencionar algunas como: la leyenda de Lemuria, la historia de Pompeya, Babel, Sodoma y Gomorra. De esta manera los muchos investigadores y geólogos continúan buscando la ciudad de la Atlántida y el misterio sigue reinando. Señores, a veces los mitos pueden contener un valor histórico, pues no sería el primer caso de una legendaria ciudad que pasa a convertirse en un hecho histórico por medio del descubrimiento y eso es lo que tenemos como objetivo por medio de este y otros congresos sobre el tema. Es pues el deber de los investigadores el ir armando ese rompecabezas por medio de cada pista brindada y el tratar de unir los cabos sueltos. Queda pues en manos de la naturaleza el revelarnos algún día el secreto. Quizás algún día los abismos sean abiertos y podamos conocer los detalles que hasta ahora nos han mantenido en esta incógnita. —aseveró Alrich.

Aquel día el congreso avivó en todos los oyentes el deseo de escuchar más sobre el tema de la ciudad perdida. El Dr. Alrich con toda amabilidad contestó cada pregunta.

Alexander Hartman, el chofer y guía designado por el Sr. Weilburg para el viaje estaba insistente en mostrarles algunos lugares exquisitos de la hermosa isla de Santorini a sus dos invitados.

—Ustedes tienen el privilegio de poder disfrutar de esta hermosa isla griega. No es cualquier isla, es la más hermosa del mar Egeo. Dicen algunos que existió un pueblo llamado los minoicos quienes poseían unas características muy similares a las descritas sobre los atlantes. Luego, todo pudo desaparecer de forma repentina a causa del gran volcán que ustedes pueden ver aquí el cual pudo estallar para el año 1600 antes de Cristo. Parecen que los dioses no están muy contentos que digamos. —dijo simpáticamente Alexander Hartman mientras los conducía a ver el panorama que se dejaba notar desde un enorme precipicio formado de forma natural por la actividad volcánica.

—¡Que hermosura! —comentó Brittanny Canuso al poder apreciar infinidad de casas tradicionales en los acantilados.

—Cada lugar tiene su atractivo. Miren esa arena oscura que da belleza a nuestra vista. —comentó Betterson.

—Así es, estamos muy cerca de la caldera que sirve de espectáculo para añadirse al panorama. Algunos creen que la Atlántida perdida pudo haber estado localizada en estos territorios del Mediterráneo y que la base pudo haber sido Santorini y la isla de Creta. Dicen que en 1931 encontraron los restos de unos pueblos muy avanzados que pudiera ser fechado en el 1600, pero aun así parecen no concordar con las fechas relacionadas a la Atlántida. —dijo Hartman.

—Oiga, veo que usted está muy bien documentado. —reaccionó Betterson.

—Imposible no estarlo cuando se trabaja para el señor Weilburg. —contestó Hartman— Sin embargo, si desean distraerse en algún momento con este hermoso ambiente, bien pueden darse un paseo en el funicular o si lo desean pueden irse en la forma antigua montados en un asno.

—Yo prefiero el funicular. —dijo Brittanny en tono de protesta.

—Vamos Brittany, deberías probar ir montada en un pollino para cambiar la rutina y pasar un rato de diversión. —dijo Betterson.

—Señor Betterson, usted está en lo cierto. —dijo Hartman— Aprovechen la diversión hoy que tengo órdenes de llevarlos a los lugares de interés arqueológico posteriormente. El Sr. Weilburg quiso que la pasaran bien así que puedan tener un balance entre trabajo y recreación. —dijo jocosamente.

Ya el sol se estaba poniendo y al horizonte el paisaje se tornaba aún más espléndido. Hartman condujo a sus invitados hacia el hotel donde ambos se hospedaban.

Joseph Betterson y Brittanny Canuso se dirigieron a sus respectivas habitaciones. Ambos estaban agotados por los viajes del día. Acordaron encontrarse a la mañana siguiente para el segundo día del congreso.

"*La violencia no deja de tener cierto parentesco con el miedo.*"

—Arturo Graf

Capítulo 2
Crimen frustrado

ALEXANDER HOTEL DE OIA
22 de Septiembre 2011
1:00 a.m.

Betterson se despertó de forma abrupta. El sueño se esfumó de sus ojos. Por un momento quedó mirando el techo del hotel. Lentamente dirigió su mirada al reloj de pared que adornaba aquella habitación. Era la 1:00 a.m., demasiado temprano todavía. Betterson aumentó la intensidad de la luz de la pequeña lámpara y se sentó sobre la cama. Tomó su preciada pipa *Kent Rasmussen* que había colocado junto a su mesa de noche. Aunque la noche estaba algo ventosa, todavía se podía percibir cierto calor dentro de la habitación. Betterson se vistió nuevamente con ropa liviana y quiso salir a los balcones a contemplar las luces de la ciudad mientras fumaba su pipa. Así lo hizo, y permaneció varios minutos en aquel lugar. La gente de la ciudad se mostraba inquieta y aunque era ya de madrugada se veía el tránsito de decenas de jóvenes quienes amaban la vida nocturna y merodeaban por las calles. Betterson quiso salir a caminar y dar una vuelta con el propósito de retornar rápidamente. No muy lejos de allí subió las escaleras de una iglesia y llegó hasta el campanario. Desde allí observaba las cientos de luces que adornaban las calles. Allí parado y en la oscuridad Betterson escuchó lo que parecía ser el ruido apresurado de los pasos de varias personas que se dirigían muy cerca del lugar donde él se encontraba. Betterson quiso pasar desapercibido ocultándose tras la pared opuesta a los extraños.

—¡Vamos maldito! —dijo un imponente hombre que llevaba una chaqueta negra y con un arma de fuego apuraba los pasos de un hombre que parecía rondar en los sesenta años de edad.

Desde la oscuridad Betterson pudo notar que eran tres los hombres que habían subido las escaleras. Dos de los extraños estaban armados caminando un largo trayecto servían de verdugos contra su víctima la cual habían forzado a caminar hacia el campanario.

Betterson se llenó de espanto y temor y se sentía incapaz e inmóvil de poder intervenir para impedir que aquellos dos hombres armados y vestidos de negro maltrataran a su víctima de forma muy violenta. Le golpearon en la cabeza mientras que el hombre se desplomó frente a sus pies. Los hombres aprovecharon y le dieron de patadas. Allí le escupieron y hablando improperios desquitaron su odio y su ira contra él. Uno de los hombres tomó una soga que traía en su chaqueta y la amarró del campanario, mientras el otro levantó el cuerpo de la víctima que yacía como muerto para así colgarlo.

—¡Apúrate! —dijo el hombre a su compañero.

—¡Súbelo! —dijo su compañero halando a su víctima la cual ya tenían amarrada al cuello.

—Que tu muerte les sirva de lección a todos aquellos que cometen la osadía de interponerse en nuestros planes. —le dijo enfurecido el más fornido de los extraños hombres a su víctima.

Inmediatamente ambos hombres sacaron un ladrillo que llevaban en el bolsillo de su chaqueta y lo pusieron en los bolsillos de la víctima que habían colgado del campanario. El hombre en aquella horca aparentaba ya haber muerto. Los dos asesinos se marcharon a toda prisa de aquel lugar dando por muerto a su víctima.

Betterson que había quedado inmóvil observando escondido aquella escena, de pronto se movió a toda prisa para tratar de soltar la cuerda de aquel hombre. Con mucho esfuerzo levantó en peso el cuerpo de aquel hombre. Por suerte llevaba una pequeña cuchilla en su llavero la cual le sirvió para apresurarse y bajar al hombre. Ambos cayeron al suelo tan pronto cortó y se soltó la cuerda.

Betterson se lanzó sobre el hombre lo más rápido que pudo.

—Vamos, ¡reaccione! —dijo Betterson de forma desesperada dando palmetazos sobre la cara del hombre tratando de hacerlo reaccionar.

El hombre todavía en el suelo se mostraba inconsciente. Betterson le brindó oxígeno al hombre quien lentamente fue abriendo los ojos. A la vista del moribundo hombre se comenzaba a ver la silueta de Betterson de quien la voz parecía irse acercando a los oídos de aquel extraño hasta traerlo nuevamente en si. De forma lenta el hombre logró volver a la realidad. En sus ojos se mostraba una expresión de espanto y terror al verse cara a cara con la misma muerte. Su corazón latía de forma apresurada.

—Ayú-de-me. —dijo con voz débil y entrecortada el extraño hombre aferrándose a las manos de Betterson.

—Llamaré una ambulancia o a la policía. —dijo Betterson alarmado y sin saber que hacer.

—No, por favor, no lo haga. Le suplico que no llame a nadie. —dijo el hombre tratando de incorporarse.

—¿Cómo que no? —inquirió Betterson con mirada llena de incredulidad y asombro.

Le suplico que no llame a la policía ni a ambulancia alguna. Ayúdeme usted y se lo pagaré en dinero. Soy una persona muy rica, yo puedo pagarle todo lo que haga por mí. —dijo el hombre asiendo de la chaqueta de Betterson.

—Amigo, no le estoy ayudando a cambio de dinero sino por simplemente hacer el bien. —contestó Betterson de forma desinteresada.

Betterson ayudó al hombre a sentarse en el suelo.

—¿Cuál es su nombre? —preguntó Betterson.

—Robert Osswald Calvi, ese es mi nombre. —dijo luchando por incorporarse—. Mire, busque en mi cartera y vea que no soy ningún criminal. —dijo procurando que Betterson confiara en sus palabras.

Betterson hizo como el hombre le pidió. Al observar la cartera pudo ver que aquel hombre era una persona eminente. Una de sus tarjetas lo presentaba como un mandatario de un importante banco de Milán. Betterson pudo entrar en confianza viendo que no se trataba de ningún criminal.

—Vamos, le ayudaré a caminar hasta mi habitación. —dijo Betterson ayudándole a incorporarse.

Betterson demostrando gran calidad humana condujo al hombre lentamente hasta su habitación.

"Lo más atroz de las cosas malas de la gente mala, es el silencio de la gente buena."

—Gandhi

Capítulo 3
Rastros de una conspiración

Tan pronto Betterson llegó a su habitación tomó el teléfono y llamó a su colega, la señorita Canuso.

En su habitación, la señorita Canuso ignoraba el insistente teléfono. El timbre del teléfono se hacía cada vez más claro. Molesta y aturdida miró el reloj. Eran las 2:20 a.m.

—«¿Quién tendrá el atrevimiento de molestarme a esta hora de la madrugada?» —pensaba.

La señorita Canuso descolgó el teléfono.

—¿Diga? —dijo en tono de disgusto.

—Señorita Canuso, le habla Betterson, necesito que venga a mi habitación. —dijo Betterson.

—¿Se ha vuelto loco? Mire la hora que es... —dijo todavía aturdida por el sueño.

—Es una emergencia. —dijo Betterson.

—¿Qué le sucede? ¿Se encuentra bien? —preguntó muy alarmada.

—No, no se trata de mí. Venga por favor. —contestó.

—En breve estaré allí. —asintió.

La señorita Canuso se vistió lo más rápido que pudo para ir a la habitación de Betterson.

—¡Ding-Dong! —sonó el timbre de la puerta de la habitación de Betterson.

—¡Adelante! —dijo Betterson abriéndole cortésmente.

La señorita Canuso buscaba de forma preocupada el motivo de la llamada y de inmediato notó que Betterson no se encontraba sólo.

—Señorita Canuso, perdone que la hiciera venir hasta aquí a estas horas de la madrugada. Es que usted al igual que yo, somos extraños en esta isla y con quien único puedo contar en este momento es con usted. Venga conmigo. —dijo dirigiéndole a la pequeña antesala de aquella habitación donde se encontraba el señor Calvi sentado en el sofá.

—Señorita Canuso, le presento al banquero Robert Osswald Calvi. —dijo Betterson.

La señorita Canuso no pudo esconder su mirada de sorpresa.

—Mucho gusto en conocerle. Pero, ¿cómo ustedes se conocieron? ¿Qué le ha sucedido?

—inquirió Canuso al ver las marcas de soga en el cuello del señor Calvi.

—Hoy el señor Calvi ha tenido un incidente muy lamentable. —comentó Betterson.

—Sucede que dos hombres trataron de asesinarme. —comentó el señor Calvi aun pasándose las manos en el cuello tratando de aliviarse el ardor que le produjo las sogas sobre su piel.

—Pero, ¿qué hombres tan perversos pudieron atentar de esa manera para querer hacerle mal a usted? ¿Cuáles motivos tendrían para querer atentar contra usted de esa manera? —preguntó Canuso.

—Es una larga historia difícil de creer. —comentó Calvi—. Les pregunto a ambos, ¿qué los trajo aquí a Santorini? —indagó.

—Nosotros hemos venido desde Estados Unidos para el congreso de arqueología. —contestó Betterson.

—¿Y usted? ¿Cómo llegó a la isla? —le preguntó Canuso al señor Calvi.

—Yo vine en un viaje de negocios desde Milán y me hospedaba en un hotel muy cerca de aquí. Dos enemigos irrumpieran de forma violenta cuando en la carretera me tendieron una emboscada. Un vehículo se atravesó en mi camino y cuando me detuve a ver que sucedía, uno de los hombres me apuntó con un arma. Luego me forzaron a subir hasta la parte del campanario de la iglesia donde planearon colgarme de antemano para que todo pareciera un suicidio. En medio de la oscuridad, Dios tuvo misericordia de mí, que permitió que el señor Betterson estuviera cerca del lugar y me lograra salvar la vida a tiempo. Si no hubiera sido por el señor Betterson no estuviera aquí para contarlo. Ahora estoy en deuda con él y estoy dispuesto a ayudarle en todo aquello que me pida. —dijo el señor Calvi.

—Señor Calvi, no estoy interesado en su dinero. Le ayudé como lo haría con cualquiera que está en peligro de muerte. —dijo Betterson de forma muy sincera.

—Sí, eso lo sé, pero eso no significa que dejaré de ayudarlos en lo que pueda. —aseguró Calvi.

—Señor Calvi, me intriga las razones que pudieron tener esos hombres al atentar contra su vida. —dijo Brittanny Canuso.

—Son gente de la mafia. —comentó el señor Calvi.

—¿La mafia? —inquirió Canuso llena de espanto.

—Pero, ¿porqué querer asesinarlo a usted? —preguntó Betterson.

—Porque ya no les sirvo en sus planes de control mundial. A todos los que consideran sus obstáculos ellos los eliminan sin importar quien sea la persona. Presidentes de naciones, diputados, ministros, banqueros, periodistas y toda clase de personas que se interponen en sus planes de control mundial deben ser eliminados. —explicó el señor Calvi.

—Aguarde un momento, que estas ideas me están trastornando la mente. —reaccionó Canuso—. ¿Está usted diciendo que existe una conspiración internacional que ahora ha venido a afectarlo a usted de manera personal? —indagó.

—Así es, y por querer desligarme de esa compleja maquinaria mundial es que he venido a convertirme en enemigo del sistema. —dijo el señor Calvi.

—Tengo muchas interrogantes revoloteando en mi cabeza. Me gustaría poder conversar más sobre este tema. Señor Calvi, mañana la señorita Canuso y este servidor debemos presentarnos a un congreso de arqueología sobre el tema de la Atlántida. No podemos faltar, pero le pido que si desea acompañarnos de forma discreta y sin revelar su identidad bien puede. —sugirió Betterson.

—Me parece interesante su propuesta. Será un placer acompañarles. —contestó Calvi.

Canuso miró el reloj. Ya eran las 3:00 a.m.

—¡Dios mío! Debo ir a dormir un rato, pues horita tendremos que levantarnos para asistir al congreso. —dijo Canuso interrumpiendo la conversación.

Canuso se fue a su habitación y Betterson le permitió al señor Calvi permanecer en su habitación en tanto resolvía el problema con sus perseguidores.

"¿No es la historia sino una fábula aceptada por muchos?"

—*Napoleón Bonaparte*

Capítulo 4
Pistas sobre la Atlántida

22 de Septiembre de 2011
Centro de Conferencias Nomikos
9:00 a.m.

El tráfico de automóviles estaba más congestionado que de costumbre por lo que al chofer se le hizo difícil llegar a tiempo. El señor Betterson, la señorita Canuso y su acompañante, el señor Calvi, se acomodaron en la parte trasera del salón de conferencia. El Dr. Claude D. Alrich había comenzado su conferencia y mostraba gran entusiasmo.

—...Aunque la ciencia afirma que la Atlántida no existe sin embargo, diferentes personas como por ejemplo el escritor Sir Francis Bacon en el año 1600 propuso que la Atlántida era una utopía del conocimiento humano y la ubicaba en tierras de América. Por otro lado, hay otros que relacionan la ciudad a tierras de América del Sur y a la civilización Maya. Posteriormente, en el año 1882 Ignatius Donnelli escribió un libro titulado: *"Atlántida: El mundo antidiluviano"* donde proponía que todas las civilizaciones antiguas descendían de la Atlántida. En tiempos más cercanos a los nuestros, la historia nos narra como el partido nazi de Alemania y sus jerarcas ocultistas no solo creían en la existencia de la ciudad, sino que era parte de su ideología racista. Heinrich Himmler quien fuera jefe de la GESTAPO envió expediciones a diferentes lugares desde el Tibet hasta Groenlandia con el propósito de buscar rastros y antecesores de los atlantes. Los nazis Afirmaban que era de los atlantes que descendieron los de la raza aria la cual consideraban superior a todas las demás.

Mucha gente piensa que esta asombrosa civilización poseía naves impresionantes y maravillosas que los hacían los señores del cielo, tierra y del mar. Tal parece que diez mil años antes de Cristo, el lugar donde se encontraba localizada la misteriosa Atlántida poseía un clima muy favorable que hizo posible que sobrepasaran los sesenta millones de habitantes. —aseveró Alrich.

Cuando el señor Alrich hizo esa afirmación la multitud de oyentes se mostró sorprendida y comentando entre si.

—Sí, sé que es un dato increíble y más cuando hacemos una comparación con otros lugares como Egipto que en la antigüedad no sobrepasaba los quince millones de habitantes. Y cada aspecto de la misteriosa ciudad perdida de la Atlántida tenderá a sorprendernos cada vez más. Cada provincia que componían la totalidad del territorio estaba gobernada por su propio rey, pero todos tenían en común que obedecían lo que denominaban las ley y los mandamientos de Poseidón. Esa ley de Poseidón debió haber sido alguna clase de código civil el cual estaba escrito en placas de oro y de cobre y se localizaba en el medio de la isla. Todas las actividades y modo de vida de esas provincias pudieron estar regidas por esas leyes. —explicaba el Dr. Alrich.

—¿Cómo es que ocurre la decadencia de ese imperio? —interrumpió uno de los oyentes.

—Bueno, según la leyenda, parte de las leyes contenidas en el código era el que los dioses no se mezclaran con los demás mortales. Los habitantes de esa ciudad se consideraban seres divinos. Alguna clase de casta de magos, hechiceros o gente considerados sabios debido a sus conocimientos en la alquimia. Poseedores de poderes y facultades que no todo el mundo en la tierra poseía. Es pues de ellos que provienen los misterios de cosas sobrenaturales que luego veríamos en Babilonia y Egipto y cuya evidencia se encuentra grabada en el interior de las pirámides en diferentes culturas del mundo. —explicó el Dr. Alrich.

—O sea que usted alega que diversidad de culturas fueron influenciadas por las creencias de los habitantes de la Atlántida. —comentó uno de los oyentes.

—Si ustedes leen los libros del Antiguo Testamento se darán cuenta que en esos registros se menciona constantemente a pueblos de Mesopotamia y luego Egipto como aquellos en los cuales reinaban toda clase de creencias en deidades que se convertirían en razón de enemistad con el dios de los hebreos. Eso significa que desde tiempos antiguos ya las ideas religiosas de los atlantes se habían diseminado por Egipto y lugares limítrofes. Esas ideas o creencias consideradas paganas por los monoteístas hebreos serían las mismas que veríamos utilizando diferentes nombres en lugares como Egipto, Babilonia, México, Perú, y muchas otras culturas. En los diversos lugares podemos ver rasgos en común de creencias en la alquimia, la magia, la hechicería, el otorgarle a los astros y a la naturaleza un rol en determinar el futuro sobre los humanos y la creencia en seres que ellos consideran portadores de luz y de un conocimiento superior. Son creencias atribuidas a los primeros habitantes de la misteriosa Atlántida y que luego fue absorbida por numerosas ciudades luego del cataclismo. Según la leyenda, el imperio atlante comienza a decaer tan pronto esos a quienes consideraban dioses se mezclaron con los demás mortales de la tierra. Fue por eso que según la leyenda la ira de Zeus se desató. Ira que se vio reflejada en grandes terremotos, olas gigantes provocadas por estos y una actividad volcánica terrible que literalmente borraron la ciudad o la isla. —explicó Alrich.

Mientras el Dr. Claude D. Alrich hablaba, el espíritu del señor Robert Osswald Calvi se enardecía.

—¿Le sucede algo? —preguntó Betterson al notarlo algo incómodo.

—No, no sucede nada. —reaccionó Calvi sin poder ocultar su incomodidad.

La conferencia continuó de manera exitosa. Las preguntas y las respuestas iban y venían y los oyentes se mostraron complacidos.

Ya de vuelta al hotel Betterson trataba de obtener alguna reacción de su nuevo amigo, el banquero Calvi.

—¿Qué le pareció la conferencia dada por el Dr. Claude D. Alrich? —preguntó Betterson.

—Me pareció muy interesante. –respondió el señor Calvi.

—No sé, usted se notaba algo incómodo durante la conferencia. –comentó Betterson.

—Así es, ya veo que no pude disimilar mi malestar ante los discursos e información que a veces oigo de la gente. —contestó Calvi.

—Pero, ¿qué le molesta? ¿Por qué habría de incomodarlo esta clase de temas? —indagó Betterson.

—Lo que me incomoda es la desinformación en general. Me refiero a esas medias verdades que a veces nos quieren hacer creer en diferentes medios de comunicación. Sea por medio de conferencias, documentales, libros, cadenas de televisión y prensa, incluso, muchos de los libros de historia que leemos en las universidades contienen medias verdades sobre los hechos. Me incomoda el hecho que sólo se nos dicen meros datos, pero las verdaderas razones que provocan los hechos permanecen en secreto. Y esto de alguna manera nos afecta a todos por igual. Nos afecta ya que nos mantienen en la ignorancia y nos envuelven en un mundo de fantasías muy lejos de la realidad. —argumentó Calvi.

La señorita Canuso miró extrañada al señor Calvi.

—No entiendo la razón de su comentario. ¿Qué tiene que ver la conferencia sobre la Atlántida y sus denuncias de desinformación en diferentes medios? —inquirió Brittanny Canuso.

—Tiene mucho que ver. —contestó Calvi.

—Mire señor Calvi, nosotros somos arqueólogos. Trabajamos para el señor Weilburg quien es el dueño del Instituto de Arqueología y nos ha encomendado investigar a fondo todo sobre la ciudad perdida de la Atlántida. El señor Weilburg tiene un interés especial en encontrar las ruinas de la misteriosa ciudad. No creo que el tema del congreso pueda causarle ningún malestar a usted. —dijo Canuso.

—Lo que me causa malestar es la desinformación. Me refiero a la manera en que juegan con la mente de las masas. —dijo Calvi.

—Le pregunto a usted, ¿de qué manera tiene nuestro tema en discusión con lo que usted comenta? ¿Por qué comenta sobre desinformación en este tema? —indagó Canuso.

—¿Qué le encomendaron buscar? ¿Una ciudad? ¿El templo de Poseidón? ¿Las columnas de Heracles? Permítame reírme. —aseveró Calvi de forma sarcástica.

Las miradas de la señorita Canuso y el señor Betterson se cruzaron. No podían esconder su incomprensión ante las aseveraciones del señor Calvi.

Una extraña sensación invadió las mentes de los arqueólogos. ¿Qué sabía aquel hombre sobre el tema en discusión que de pronto hacía unas enigmáticas afirmaciones?

—¿Por qué se expresa usted de esa manera? ¿Duda usted de que podamos lograr nuestro objetivo? —indagó Betterson.

—Miren, no quiero que me malinterpreten. Sólo quiero hacerles ver que lo que ustedes buscan es algo más que las ruinas de una ciudad. —dijo Calvi.

—A ver, explíquese. —dijo Betterson.

—Eso que ustedes buscan no se puede reducir a un conjunto de piedras reducidas a nada en el fondo del mar. De lo que se trata es un mundo de conocimientos paganos, ocultos y secretos que dieron forma a una famosa isla. La profundidad en esas filosofías dio origen a toda una civilización regida por las ciencias ocultas. Un mundo lleno de magos, astrólogos y hechiceros. Lo que ellos llaman "ciencia", no es otra cosa que el haberse adentrado en esos conocimientos ancestrales donde procuraban controlar las fuerzas de la naturaleza y por medios de sus conexiones con el mundo invisible someter al mundo visible a sus decretos. Esto dio como resultado una compleja filosofía de poder y control que perdura hasta nuestros días. Gente muy poderosa de hoy sigue buscando la Atlántida perdida. No persiguen una mera ciudad sino el "conocimiento" y la ideología que les hace creer que son superiores a los demás mortales en la tierra. Fue por eso que en tiempos no muy lejanos como en el 1933 al 1945 vimos a un dictador como Hitler quien afirmaba buscar a sus antepasados en la Atlántida y vino con mano de hierro a tratar de destruir una nación completa, me refiero a los judíos. ¿Qué buscaba el dictador? Él buscaba los conocimientos que según el tenían los antepasados a quienes denominaban los atlantes.

Los denominados "dioses" a quienes les atribuyen el gobierno y las riquezas. Esa alegada súper raza que domina a todos y asombra al mundo con toda clase de ciencias y cosas grandiosas. Esta historia de lo que nos habla es de una clase de gente que se considera la raza superior y a todos los demás pretende hacerlos esclavos por considerarlos inferiores. Es por eso que la leyenda dice que la "súper civilización atlante comenzó a decaer tan pronto se mezcló con los demás mortales". De lo que están hablando es del maldito racismo. Los mismos racistas que hacían experimentos en lo secreto procurando perfeccionar sus características físicas. Para esto, utilizaron a los judíos como sus víctimas para experimentar con ellos. En el pasado, los nazis hicieron una serie de experimentos para crear su raza superior, pero es hoy cuando esos experimentos están en su apogeo con la llamada ingeniería genética. Mientras la gente lo ignora, aquellos que siguen las filosofías racistas siguen en sus juegos con la naturaleza, manipulando y alterando criaturas por medio de modificaciones del material genético. Los científicos saben que alterando el orden de los componentes de las hélices que componen el ADN pueden crear seres de cualquier especie según sus especificaciones y caprichos. De esta forma, los hombres siguen pretendiendo crear una súper raza de dioses sobre la tierra. —explicó Calvi.

Cuando el señor Calvi hizo esta aseveración vinieron a la memoria de Betterson y de Canuso las palabras dichas por el Dr. Claude D. Alrich sobre el racismo. Alrich mencionó que las ideas sobre la Atlántida eran parte de las creencias ocultistas que poseían los asesinos nazis. Hablaban de un pueblo que se consideraba superior a los demás mortales y quienes obedeciendo esas ideas trataron de aniquilar a un pueblo completo. Ahora, las aseveraciones del Señor Calvi se presentaban como enigmáticas y misteriosas. «¿De dónde surgió este hombre?», «¿Quién era él?», «¿Por qué el destino los hizo encontrarse de aquella manera tan inesperada?», «¿Por qué hablaba como quien conoce sobre los misterios de la Atlántida?» «¿Qué esconde en su persona que ahora pretende arrojar luz sobre el tema en cuestión? » «¿Eran sus razonamientos producto de una mente que estaba desvariando o realmente arrojaba luz al tema?» Todas estas interrogantes se iban asomando de forma inevitable.

"Con frecuencia he dicho que la ficción puede ser más provechosa que la misma historia."

— John Foster

Capítulo 5
El misterio de Calvi

Las palabras del señor Calvi se repetían una y otra vez en la mente de ambos investigadores. La señorita Canuso se mostraba inquieta. Por su parte, el señor Betterson percibía una misma inquietud.

El señor Calvi permanecía en la habitación de Betterson.

—Señor Betterson, lo he notado algo pensativo. ¿Qué le sucede? —preguntó Calvi.

—Nada, sólo estuve pensando en las afirmaciones suyas. Me dejó pensando eso del racismo.

Mientras conversaban el teléfono interrumpió la conversación.

—Sí, diga. Betterson, soy yo Brittanny, tengo una inquietud. Me gustaría que el señor Calvi nos concediera una entrevista. —dijo Canuso.

—Bueno, le comentaré y veré si está dispuesto. —respondió Betterson.

Betterson colgó el teléfono.

—Señor Calvi, mi colega desea hacerle una entrevista. ¿Estaría usted dispuesto a compartir con otros sus opiniones? —preguntó Betterson.

Calvi permaneció callado por un momento.

—Señor Betterson, no puedo volver a mi ciudad. Si usted enciende los noticieros se dará cuenta que me han reportado desaparecido. Mis enemigos al no ver mi cuerpo colgado en el campanario de la iglesia deben estar furiosos, nerviosos y a la vez crujiendo sus dientes al ver el intento de asesinato frustrado. En cualquier ciudad que vaya, allí ellos estarán presentes para darme la muerte. —afirmó Calvi.

—Pero, ¿Por qué no va a la policía y los denuncia y busca protección? —inquirió Betterson.

—Señor Betterson, no es que me considere una persona superior a las demás, lo que sucede es que las autoridades y los políticos que contra mi conspiran no me ven como un ciudadano más. Ellos me ven como una amenaza. —dijo Calvi.

Betterson lo miró sorprendido.

—Señor, usted me intriga con sus afirmaciones. ¿Qué piensa hacer? Yo no permaneceré en esta ciudad por mucho tiempo por lo que se me hará imposible ayudarlo más. —respondió Betterson.

—Le diré lo que haremos. Le concederé la entrevista a la señorita Canuso. Por medio de esa entrevista llevaré un mensaje que considero todos deben escuchar y es la razón por la cual atentaron contra mi vida los conspiradores. Creo que también sé el paradero de lo que ustedes consideran su "ciudad perdida". Una realidad difícil de aceptar y una historia que al que la oyere le retiñirán los oídos. —dijo Calvi.

El señor Calvi revelaría los misterios que envolvían su persona y que ahora consumían en curiosidad a los arqueólogos e investigadores. ¿Por qué aquel banquero hacía afirmaciones que insinuaban que existía una maquinaria muy poderosa atentaba contra su vida? ¿Por qué él relacionaba sus experiencias con el tema que los arqueólogos investigaban? De pronto, los investigadores se vieron en la necesidad de explorar el mundo de ideas que el señor, Calvi traía y que parecía cruzarse con sus destinos.

"La más necesaria de todas las ciencias es la de olvidar el mal que una vez se aprendió."

—Aristóteles

Parte B

Entrevista a Robert Osswald Calvi

Capítulo 6
Misterios revelados

23 de Septiembre de 2011
1:00 p.m.

El señor Calvi aceptó la invitación que le hiciera la señorita Canuso. Calvi sabía que si concedía la entrevista a la investigadora, podría llevar el mensaje que los conspiradores pretendieron callar atentando contra su vida.

Hicieron según lo acordado. Se reunieron en privado en el apartamento del señor Betterson. La señorita Canuso hizo todo lo más secreta y discretamente posible para preparar la entrevista. Ella misma rentó el equipo de grabación con el propósito de mantener la interesante entrevista para presentarlo al señor Weilburg al regresar a Estados Unidos.

En aquel hotel utilizaron la pequeña sala para realizar la entrevista.

—Esta es la entrevista que le hiciéramos al distinguido banquero de Milán, el señor Robert Osswald Calvi. —dijo la señorita Canuso mirando a la cámara— Mi colega Joseph Betterson me asistirá esta vez.

—¡Muy buenas tardes! —dijeron los entrevistadores al señor Calvi.

—¡Buenas tardes! —contestó Calvi.

—El señor Calvi estuvo presente en el congreso de arqueología celebrado en la isla de Santorini. El propósito de esta entrevista es escuchar su interesante postura sobre el tema de la Atlántida perdida.

La señorita Canuso hizo una breve pausa.

—Señor Calvi, usted hizo unas afirmaciones que las considero interesantes y esas son las razones por las que me he movido a realizar esta entrevista. Usted al escuchar parte del congreso cuyo tema era *"La Atlántida perdida"*, ha afirmado que esa leyenda posee bases en el racismo. ¿Puede usted explicarnos más al respecto? —preguntó la señorita Canuso.

—Según lo que pude escuchar sobre el congreso de arqueología cuyo tema era la Atlántida, son muchos los que buscan las ruinas de una ciudad perdida en el mar. Según mi conocimiento, esa ciudad que ustedes los arqueólogos buscan dista mucho de ser una ciudad hundida en el fondo del mar. Se nos dice que dioses existieron en el pasado y crearon una civilización asombrosa y sin igual. Tal parece que el relato habla de genios, magos o alguna clase de hechiceros poseedores de conocimientos maravillosos sobre el dominio de todas las cosas. Y se nos dice que esa civilización comenzó a decaer cuando esos dioses se mezclaron con los demás mortales. Finalmente desapareció de la faz de la tierra cuando los dioses se airaron contra ella y la juzgaron. Esto señores, no se trata de una mera historia del pasado. Se trata de una filosofía racista que domina el mundo contemporáneo. —explicó Calvi.

Las aseveraciones de Calvi aumentaban el interés de Canuso a indagar al respecto.

—Señor Calvi, sus aseveraciones me parecen muy interesantes. ¿Por qué usted alega que una filosofía racista producto de la leyenda de la Atlántida domina al mundo de hoy? Según lo que entiendo de sus palabras es que usted hace una metáfora de lo que pudo ser la Atlántida y la está aplicando al panorama social hoy, sea político, económico o de alguna otra índole. —interpretó Canuso.

—No exactamente. —contestó Calvi.

—Explíquese, por favor. —dijo la señorita Canuso.

—A lo que me refiero es que la ideología de la Atlántida sigue intacta, viva y presente en el mundo político de ayer y de hoy. —contestó Calvi.

—¿Cuál es la ideología de la Atlántida según usted argumenta? —indagó Betterson.

—La ideología de la Atlántida es aquella que propone el racismo imperial. Es la ideología que está siendo seguida al pie de la letra por los urdidores del mundo moderno. Se trata de una extraña ideología que busca la sabiduría en seres de otras galaxias y los considera superiores de tal forma que la humanidad es reducida a los designios de esos seres a quienes consideran los dioses. Evidencias de esas ideologías se pudieron ver en las sociedades secretas que participaron en la creación de la doctrina fascista y trajeron al poder dictadores como lo fue Hitler en la Segunda Guerra mundial. —explicó Calvi.

—Entonces, según puedo comprender de sus aseveraciones, la ciudad de la Atlántida se puede explicar como si fuera simplemente un mito, una idea que forma la inspiración para alguna clase de utopía la cual usted asegura que es seguida por políticos tanto del pasado como contemporáneos. ¿Es esto cierto? —inquirió Canuso.

—Se puede afirmar que es un mito en el sentido que no es una ciudad literal o una isla según la ilustra Platón en sus diálogos. Se trata indudablemente de un reino. Un reino mundial que está siendo buscado por la mayoría de la gente que se consideran sabios según las fuentes paganas. —contestó Calvi.

—¿A cuál gente se refiere usted? —inquirió Betterson.

—Me refiero a las clases altas de la sociedad, pero no a cualquiera. Estoy hablando sobre las grandes familias de banqueros que controlan al mundo.

—Entiendo que aquí hay un dilema. —comentó Canuso.

—¿Cuál dilema? —preguntó Calvi.

—Si fuéramos a hacer una metáfora entre la leyenda de la Atlántida y el reino o utopía idealizada por esos políticos modernos que usted alega existen, entonces, ¿de qué forma encajaría esta aseveración suya con lo que se cuenta de la Atlántida sobre una civilización que era regida por dioses que descendieron desde las estrellas? Según la leyenda, esos dioses llevaron a la civilización humana a la cúspide del conocimiento sobre la ciencia, sobre las ideas, sobre el dominio de los elementos y fueron los guías espirituales para conducir la tierra hacia un mundo mejor. Eso es parte de lo que dice la leyenda. —argumentó Canuso.

—Eso es parte de la leyenda, sin embargo, por extraño que parezca ha sido la creencia que ha dominado la mente de antiguas civilizaciones como la egipcia. Existieron hermandades secretas, como por ejemplo los *Nakkal,* quienes afirmaron haber recibido la iluminación en la Atlántida y quienes veneraban a la "Serpiente de la luz", estos a su vez, antes del gran cataclismo se dispersaron a diferentes lugares del mundo donde hoy abundan las pirámides. De esta manera, esos sacerdotes paganos fueron traspasando sus conocimientos hacia otros reinos y gobiernos de la tierra. Ellos alegaron que poseían la sabiduría que una vez les fue revelada por los dioses. De esta forma y por medio de sociedades secretas siguen reinando en las ideologías modernas de nuestra política. Me refiero a la política mundial e internacional. —respondió Calvi.

—Cuando usted afirma que esas leyendas nos afectan hoy a nosotros, usted esta implícitamente alegando que existen todavía sociedades secretas de tradiciones muy antiguas que poseen vínculos con el ocultismo y que de alguna manera pueden afectar nuestra vida por las decisiones que ellos toman sobre los países. ¿Estoy correcta en esto? —inquirió Canuso.

—Eso es correcto. No hay que ir muy lejos para conseguir un ejemplo de esas ideologías reinando en la mente de los políticos. Si usted investiga la mentalidad de lo que fue Hitler y su tercer *reich* podrá descubrir que el esoterismo, el ocultismo, la magia, la creencia en seres extraterrestres a quienes consideraban portadores de sabiduría y a quienes consideraban los guías espirituales eran parte esencial de lo que serían sus plataformas y decisiones a tomar sobre los demás. Los dirigentes nazis estaban vinculados a oscuras sociedades secretas como lo fue la *Vril.* —afirmó Calvi.

—¿Qué fue la Vril? —preguntó Canusso.

—La *Vril* era y es una sociedad secreta de ritos macabros. Ellos poseían ideas muy similares a la leyenda sobre la Atlántida. Era alguna clase de grupo secreto con creencias en seres de otro planeta de quienes aseguraban provenía la guía y la ciencia y de quienes procuraban obtener los conocimientos científicos para crear sus naves y armamentos. Todo esto realizando viejas prácticas de sacrificios humanos y de sangre. Argumentan que por medio del derramar de la sangre humana se obtiene la energía. ¿De donde obtienen la sangre para satisfacer a sus dioses? La sangre la obtienen de la gente inocente, en especial de los niños indefensos. No era extraño ver como en la Segunda Guerra mundial en Alemania muchos niños desaparecían y eran llevados a los lugares secretos donde Hitler y sus jerarcas nazis realizaban sus ceremonias paganas. —afirmó Calvi.

—A ver si estoy entendiendo sus afirmaciones, usted está alegando que gente de eminencia han seguido por siglos ideologías ancestrales las cuales se han nutrido de las fuentes de la mitología y han incorporado una serie de prácticas ocultista, muchas de las cuales son completamente descabelladas incluyendo el derramar de la sangre inocente para satisfacer esas creencias que han creído y abrazado. —resumió Betterson.

—Exacto. No meramente me estoy refiriendo a lo que fue el III Reich de Hitler y sus creencias. También me estoy refiriendo a lo que es hoy la política mundial en su totalidad la cual bebe de los ritos secretos de la masonería. De esta manera lo que tenemos son ideas sacadas de la mitología y de leyendas paganas siendo aplicadas al pie de la letra en su pragmatismo político, económico y social. Lo que fue la ciudad de la Atlántida en los escritos de Platón, alguna clase de gobierno de apariencia comunista, castas de dioses reinando sobre todos, la exaltación y la deificación de una raza superior sobre todos los demás a quienes consideran esclavos y mortales. Siguiendo esas ideas es que se ha desembocado en la inhumanidad contra aquellos a quienes consideran seres inferiores. Esto justifica para ellos el derramamiento de la sangre de aquellos a quienes consideran meros animales. Estas leyendas crean el escenario perfecto para que los que se consideran fuertes devoren a los débiles y exalta la idea del darwinismo social, otra de las ideologías creadas por ellos, los conspiradores. Fue aplicando la mitología sobre las ideas políticas que los nazis fueron conducidos a exterminar a los judíos. Esta realidad no se ve únicamente en occidente sino que estas ideas vienen avaladas por la mitología oriental también de la India, China y de Japón, de cuyas fuentes dictadores como Hitler buscaban iluminarse con el conocimiento de sus antepasados. La mitología les sirve a las sociedades secretas para ilustrar sus intereses y para dirigirse a los escenarios que una vez realizaron lo que consideran son sus dioses. Fue por esto que dictadores como Hitler se consideraron la reencarnación de seres mitológicos para llevar a cabo sus mismas agendas racistas e inhumanas. Hitler se consideró la reencarnación del dios Odín, el dios nórdico de la sabiduría, la guerra y de la muerte, y quien era también considerado el dios de la magia, la poesía, la caza y la victoria. —argumentó Calvi.

—Entiendo el hecho que usted vincule a Hitler y su III *reich* con la mitología y el ocultismo, pero, ¿no está usted está generalizando? Creo que usted está afirmando que los políticos a nivel mundial han seguido los mismos pasos de Hitler. ¿Por qué generaliza de esta manera? —indagó la señorita Canuso.

—Lamentablemente el asunto de Hitler no es algo aislado. Existe toda una maquinaria ideológica que va más allá de un dictador y sus seguidores. De lo que estamos hablando es de un sistema de creencias que se introduce dentro de los diferentes países y crea estados dentro de los estados por medio de los tentáculos de la masonería. —afirmó Calvi.

—O sea, que usted es de los que creen que existe siempre un gobierno en las sombras que rige por encima del gobierno que la gente percibe. Que la política diversa viene a convertirse en alguna clase de espantapájaros que la gente ve pero que no representa el destino verdadero de las naciones. —argumentó Betterson.

—Eso es exactamente de lo que se trata, de un estado dentro del estado. Se trata de gente muy poderosa que determina el destino de los pueblos y van por encima de su sufragio, elecciones, decisiones, y donde todo lo que sucede afuera es mero reflejo de las decisiones de estos grupos herméticos. Lo que sucede en la sociedad es solo el eco de lo que ellos determinan y planean. Y lo peor de todo es que ese estado dentro del estado se rige por la creencia e ideales racistas antiguos, paganos y de los cuales hemos visto las tragedias sociales que han ocasionado en las naciones. —afirmó Calvi.

—¿Puede usted identificar alguna clase de grupos que según usted estén rigiendo y determinando el futuro de las naciones tras bastidores? —inquirió la señorita Canuso.

—Mucha gente desconoce que la mayoría de los políticos de eminencia en la mayoría de las naciones pertenecen a sociedades secretas. ¿Por qué poseen ritos y doctrinas que no son del conocimiento de la gente común? Sus adeptos tienen que pasar por ciertos procesos de iniciación en diferentes grados. Mientras mayor sea el grado, mayor será la profundidad del conocimiento y lo que ellos le llaman la "sabiduría" que los distingue versus lo que ellos llaman profanos. ¿De qué estamos hablando? Estamos hablando de filosofías que han sido traspasadas de generación en generación por grupos secretos semejantes a los que perteneció Platón en el pasado, recordemos que fue Platón uno de los defensores de la leyenda de la Atlántida. Ahora bien, esas leyendas también tienen sus conexiones con el ocultismo. Desde tiempos muy antiguos las sociedades secretas han existido vinculadas a cultos paganos de derramamiento de sangre. Una de ellas, una de las primeras lo fue la que ya les he mencionado de la Hermandad de la serpiente. La Nakkal perseguía una clara filosofía de culto a Lucifer, aquel extraño personaje que aparece en la historia bíblica representado por medio de una serpiente. Sucede que estas sociedades secretas alegan que el conocimiento proviene de la serpiente. Y las obras de la serpiente realizarán. Las sociedades secretas se remontan al pasado, a la historia egipcia y babilónica. Muy relacionadas a lo que fue la leyenda de la civilización de la Atlántida. Gran parte de la filosofía dentro de esos grupos herméticos hacen reclamos de "sabiduría", que no es otra cosa que alguna clase de iluminación que alegan proviene de seres de luz. Podemos estar hablando de espiritismo, pero hay unas vertientes que profesan recibir su iluminación de seres extraterrestres. —dijo Calvi.

—¿Extraterrestres? —interrumpió la señorita Canuso sin poder evitar su expresión de incredulidad.

—Sí, por extraño que parezca, estos grupos herméticos, muchos de ellos reclaman tener contacto con lo que consideran son seres superiores. Es pues de ellos que procuran obtener la ciencia y el saber. Si rebuscamos en la historia de la Segunda Guerra mundial podremos obtener información sobre lo que fue la Vril, la sociedad secreta que dirigía muchas de las creencias del dictador. Años antes, a principios del siglo XX se difundía por Alemania el grupo de Thulé. —dijo Calvi.

—¿Qué es el grupo Thule? —interrumpió Betterson.

—Fue una sociedad fundada en 1912, sin embargo, no era la primera de esta clase ya que siglos anteriores tienen origen otras sociedades muy similares. En la Thule vemos de igual forma la fusión de sus ideologías con la mitología. El nombre de la sociedad surge la última Thule de los romanos. De lo que se trata es de un país mítico al que le atribuyen características maravillosas muy semejantes a la grandeza de la Atlántida. En dicho lugar afirmaban habitaban seres superiores a los mortales. Así como la Atlántida, tuvo su final debido a alguna clase de cataclismo, pero siempre alegan que pudieron escapar ciertas personas para transmitir la leyenda hasta hoy. De allí brotan los reclamos de lo que ellos consideran la raza superior aria. Una historia que fue usada por los alemanes para imponer su racismo, sus creencias en sus ancestros nórdicos en quienes buscaban seres con características específicas de dioses blancos, rubios, ojos azules, altos y atléticos que según ellos eran los descendientes de los dioses. Gente de gran eminencia política se harían miembros estos grupos ocultitas y llevarían a cabo toda clase de ideas descabelladas de acuerdo a sus mitos y fábulas, aunque esto conlleve el genocidio de naciones completas. Ellos procuraran elevarse como la clase superior dominante sobre los demás seres a quienes menospreciaran como a animales y como a esclavos. —explicó Calvi.

—Señor Calvi, tengo entendido que la maquinaria de Hitler asesinó a muchos masones. ¿No está diciendo usted que esos grupos persiguen fines en común? ¿Por qué Hitler tendría que matar a aquellos que alegadamente pudieran haber tenido ideas semejantes a las de su persona? —indagó Betterson.

—En un principio, la masonería estuvo muy ligada a los judíos, considerados enemigos de la ideología hitleriana. Hitler y sus jerarcas vieron en los modelos de la masonería los ritos necesarios para crear sus propio grupo de control social y para hacerlo tendría que eliminar los ya existentes. Hitler vio la masonería como una herramienta que debía estar bajo su control, pero primero, debía asegurarse que no tendría competencia. Se ocuparía de exaltar una masonería cuyos fines fueran racistas y a favor del régimen de lo que consideraba eran los dioses arios quienes debían someter a todo el mundo. Los conspiradores utilizarán toda clase de grupos y técnicas que les sirva para adelantar sus planes en el mundo. —dijo Calvi.

El señor Calvi parecía trastornar con sus ideas lo que hasta ahora era la realidad histórica y social. Hablaba de banqueros conspiradores y de gente muy poderosa sirviendo a religiones oscuras e imponiéndolas sobre la sociedad sin que la gente conociera las verdaderas motivaciones de los urdidores. No se trataban de las afirmaciones de una persona que desvariaba de la mente sino de alguien que conocía el mundo de la banca y de las sociedades secretas desde su mismo seno.

"La mayoría de los hombres en el poder se vuelven malos."

—Platón

Capítulo 7
Más allá de la mafia

Las aseveraciones de Calvi se presentaban de forma controversial. Cada explicación que el viejo banquero daba a los sucesos de la historia provocaba gran interés en sus oyentes. Sin embargo, no eran ideas del todo descabelladas sino que hablaba como quien presentaba pruebas de cada afirmación.

—Señor Calvi, por lo que puedo notar en sus afirmaciones, hay mucha historia que no se nos dice en los textos que estudiamos en las universidades. Hay aspectos que nunca se tocan y que son importantes como ese tema de los vínculos de los políticos con sociedades secretas. Ni siquiera puedo recordar que se mencione tan siquiera el rol de la masonería y las sociedades secretas ni mucho menos de aquellos que pertenecían a esos grupos herméticos. ¿Habría que reescribir la historia para poder entender diferentes aspectos de la misma? —inquirió la señorita Canuso.

—Si lo analizamos muy seriamente, realmente habría que escribirla desde el más remoto pasado. —comentó Calvi.

—Pero entonces, ¿insinúa usted que nos han escondido muchas cosas de la historia con toda premeditación y alevosía? —dijo Betterson.

—Si conocieran la verdad, es decir, las dos caras de la moneda, se alarmarían en gran manera. —dijo Calvi.

—¿Cuál verdad? —inquirió la señorita Canuso.

—Vamos por partes. —interrumpió Betterson. Señor Calvi, ¿podría usted revelarnos los misterios de su persona? ¿Quién es usted? ¿Quiénes fueron aquellos hombres que pretendieron darle la muerte? ¿Qué razones les motivaron para hacer aquel intento de homicidio? —indagó Betterson.

—Mi vida está llena de enigmas. Soy un banquero de Milán. La razón de la persecución en mi contra no es otra que he decidido salirme del control de la bestia espantosa y terrible que controla y domina el mundo. El día que decidí alejarme y hablarle al público todo cuanto sé, fue el momento que los conspiradores se levantaron contra mí. —explicó Calvi.

—¿Una bestia espantosa y terrible? Tal parece que usted usa un lenguaje apocalíptico... —comentó la señorita Canuso.

—No es para menos. Lo que sucede es que mis enemigos saben que puedo mostrarle al mundo el entramado y los detalles de las conspiraciones que dominan el mundo cuyo interés es el poder y el dinero. Puedo mostrar evidencias sobre las relaciones económicas que existen entre el poder religioso del Vaticano y la mafia, entre los grandes banqueros y el poder religioso, entre las sociedades secretas y la política internacional, entre los grupos de inteligencia de la tierra y los productores del opio de las naciones, entre los gobiernos y la corrupción en grandes niveles sociales que nos afectan a todos por igual. De cómo hoy los políticos siguen enredados en las fábulas y mitologías antiguas con el propósito de justificar su egoísmo y su amor por el dinero y el poder. De cómo se conspira contra la sociedad por parte de aquellos que han abrazado filosofías descabelladas y racistas y las implicaciones que pueden tener para todas las naciones en los próximos años. —contestó Calvi.

Betterson y la señorita Canuso no podían salir de su asombro. Aquel misterioso hombre tenía una historia que contar.

—Es muy probable que ésta sea la única oportunidad que tenga para llevar el mensaje que me dispuse hace poco tiempo. —dijo Calvi sin poder evitar reflejar una profunda agonía que carcomía su interior—. Ya ustedes han sido testigos de cómo los conspiradores me han perseguido con el intento de callarme. Si no fuera por la bondad que tuvo el señor Betterson, hoy no estuviera aquí para contarlo, por lo que no tendré reserva alguna en contestarle todo lo que ustedes deseen. —afirmó.

—Señor Calvi, usted habla de "conspiradores", y mencionó ciertos vínculos entre el poder religioso con la mafia, así como políticos que según usted están siguiendo filosofías basadas en mitos, incluyendo la leyenda de la Atlántida, como si algunos vieran en ello alguna clase de metáfora que debe ser aplicada a la vida política de los países y hasta habla de racismo. ¿Qué argumentos puede usted presentar que puedan explicar esas ideas suyas? —indagó la señorita Canuso.

—Señorita Canuso, creo que estoy en la posición adecuada para hablar sobre el tema ya que conozco desde adentro a grupos y sociedades secretas como la *Propaganda 2,* por lo que sé en detalle todo lo que se lleva a cabo dentro de la logia y la interacción que ha existido entre grandes financieros, políticos, jueces, jefes de diferentes servicios de inteligencia y con la milicia, así como sus vínculos con actos terroristas y diferentes acciones en la sociedad. Como banquero he estado muy ligado a las finanzas del Vaticano las cuales no se desprenden de conexiones con la mafia y negocios que la mayoría de la gente desconoce que existen. —aseveró Calvi.

—¿Está usted afirmando que las autoridades religiosas poseen una fachada muy diferente a lo que hacen en realidad? —indagó la señorita Canuso.

—No sólo el poder religioso del Vaticano a nivel mundial, sino también otras esferas como la económica y la política. Todo se comporta como una maquinaria, una terrible bestia que posee muchos tentáculos y se entremezcla con el bajo mundo para sacar provecho económico y aumentar su poder y su capital. —aseveró Calvi.

—Señor Calvi, usted afirma haber pertenecido a la P2, o sea, usted es un desertor. —comentó Betterson.

—Así es. Cuando te conviertes en desertor de una sociedad secreta, entonces te conviertes en una amenaza potencial para ellos. Y más si eres una persona que has alcanzado los grados más altos dentro de sus ritos. —dijo Calvi.

—Cuando usted habla de la mafia, ¿a qué se refiere? —inquirió Canuso.

—La mafia se trata de un nudo o grupo de trabajo criminal el cual hace dinero sucio proveniente del narcotráfico, robo, lavado de dinero, extorsiones, secuestros, y toda clase de trabajo sucio de explotación y abuso social. Los que componen la mafia no son meramente los asesinos a sueldos o personas del bajo mundo. Entre sus miembros y colaboradores se encuentran personas de alta alcurnia que trabajan con grupos de control religioso, político y económico mundial. En esto se define la mafia, en que hay personas de eminencia que son parte de ella, pero se esconden tras falsas fachadas sociales de bien y de filantropía. Es pues en esto que consiste la astucia de la mafia, que se viste de blanco delante de la sociedad, de esta forma se encuentra donde menos la gente lo imagina. —explicó Calvi.

—Veo que en la definición que usted brinda sobre la mafia no se reduce a un simple grupo de pandilleros rebeldes que buscan su identidad en alguna clase de grupo hostil. —dijo la señorita Canuso.

—Así es, la mafia no se puede resumir en grupos aislados como lo que han sido la Hermandad Aria, los blancos racistas de Estados Unidos, La Mafia Mexicana, La "Black Guerrilla Family", La Mara Salvatrucha, o lo que fuera en siglos pasados la Cosa Nostra. De lo que estamos hablando es de fuerzas mucho mayores. Estamos hablando de gente encumbrada en la alta finanza del mundo. Esos hombres poderosos que son los urdidores de naciones enteras, de sistemas religiosos de control social, de las grandes potencias del mundo siendo sometidas a sus designios y de los cuales esas meras pandillas rebeldes que hemos mencionado son simples grupos aislados que pueden ser usados de alguna forma para algún trabajo sucio pero no son la mafia verdadera. De la mafia que hablo es de fuerzas económicas, religiosas y políticas que ante la sociedad presentan sus fachadas de piedad pero son aquellos que han minado las calles de todos los pueblos con el opio y la destrucción de la juventud, esos que explotan los recursos naturales en diferentes lugares y asesinan naciones enteras, esos que utilizando la tecnología y sus grupos organizados hacen ataques terroristas para utilizarlos como cortinas de humos para encubrir sus verdaderos propósitos, esos que crean toda clase de montajes y mentiras para llevar a todos los países del mundo a la esclavitud y para hacer más rico a los ricos y empobrecer cada día mas a los pobres. Esa clase de mafia debe ser denunciada y desenmascarada de una vez y por todas. —aseveró Calvi.

—Por lo que puedo ver, usted habla de toda una cadena de intrigas que van desde sociedades secretas antiguas y modernas, influencias religiosas, políticas y económicas, ideologías racistas que van de la mano con este entramado social. En fin, una historia muy compleja que hay que investigar. —comentó Betterson.

El Señor Betterson y la señorita Canuso no podían esconder su expresión de asombro ante las declaraciones del señor Calvi. ¿Eran las declaraciones de una persona desvariando? ¿Qué cosas terribles estaba revelando aquel

109

banquero? Eran cosas por las cuales ambos investigadores estarían dispuestos a indagar hasta la última verdad.

"La corrupción rara vez comienza en el pueblo.

—Charles Barón de Montesquieu

Capítulo 8
Los tentáculos de la corrupción

El señor Betterson no cesaba de cuestionar en su interior las razones por las cuales una persona que hubo participado del mundo de las sociedades secretas de pronto se veía impulsada a ir en otra dirección y tratar de apercibir a los demás sobre una conspiración internacional.

—Señor Calvi, ¿qué cosa tan terrible pudo usted atestiguar como para querer ir en la dirección opuesta? Es decir, algo tuvo que ser lo bastante perverso o macabro como para hacerlo reaccionar y hacer que usted tome algún camino diferente al que ya andaba. —indagó Betterson.

—Hay cosas muy horrendas las cuales son los verdaderos responsables de los terribles males que afectan a la sociedad de ayer y de hoy. —comentó Calvi.

—¿Puede usted describir en detalles esas cosas que usted considera son horrendas y con que tiene qué ver? —preguntó la señorita Canuso.

—Personalmente trabajé para un gran banco de Roma. He penetrado el mundo de las grandes transacciones y de las fuerzas más poderosas que mueven la sociedad. Es decir, el mundo de las finanzas de las grandes familias poderosas vinculadas al poderío del Vaticano y que se extiende a los banqueros del mundo quienes son los prestamistas de todas las naciones y aquellos que están vinculados a los lazos de la masonería que se ha convertido en el verdadero estado dentro de cada estado y dirigentes de la política, la religión y la economía mundial. —explicó Calvi.

—O sea, que usted de lo que habla es de toda una red de negocios turbios que afectan la política y la economía del mundo. ¿Eso es correcto? —inquirió Betterson.

—Eso es correcto. El punto es que la gente común no tiene idea de cómo se ejecutan esas redes de corrupción. Los negocios turbios de corrupción son acciones ilegales de lavado de dinero, canalización de millones de dólares utilizando las fachadas de diversas organizaciones que nada tienen que ver con la imagen que se le vende al pueblo. Como por ejemplo el uso de los diversos grupos de inteligencia para llevar a cabo operaciones tenebrosas. —dijo Calvi.

—¿Qué clase de "operaciones tenebrosas"? —indagó Betterson.

—Aquellas operaciones ilegales como el brindarme armas de forma secreta a los grupos revolucionarios de diferentes partes del mundo. Ganancias ilegales por medio del negocio del narcotráfico, la intervención de Washington así como otras naciones bajo el control masónico en actividades oscuras como la creación de escuadrones de la muerte, aniquilación de enemigos potenciales que se interpongan en los controles sociales que desean establecer, golpes de estados, conducir a los gobiernos a crisis planificadas, ventas de armas a grupos revolucionarios, atentados terroristas de parte de los fascistas en diferentes naciones. Todo esto teniendo como principal protagonista al Vaticano en una "santa" alianza con las potencias del mundo y siendo los urdidores de la mayoría de los males sociales en que están hundidos los países. —explicó Calvi.

—¡Wao! —reaccionó Canuso— Esas expresiones suyas sí que son alarmantes.

—Cuando usted habla del Vaticano lo relaciona a negocios turbios. ¿Cierto? Lo que nos está diciendo es que hay algo más que la piedad que se proyecta sobre las masas de parte del clero que se supone sea ejemplo de moral y de justicia social. —indagó la señorita Canuso.

—Lo que sucede es que la mayoría de la gente sólo puede ver la fachada de piedad social que las fuerzas religiosas se han creado para ocultar sus verdaderos orígenes. Siendo que estamos frente a una compleja maquinaria religiosa que ha adoptado diferentes fachadas a través de los tiempos no nos debe extrañar que use como cara de presentación la de un cordero blanco y ante los hombres se llene la boca hablando de paz mundial. Pero, ¿qué sucedería si toda esa "bondad" social fuera sólo una fachada o una máscara utilizada de forma estratégica como una clase de herramienta para el control social de muchos pueblos? ¿Qué sucedería si los que están dirigiendo esos grupos religiosos poseen una mentalidad muy diferente a la piedad que se supone predican o profesan ante la gente? ¿Qué sucedería si tras el asqueroso mundo del narcotráfico existieran los intereses económicos de corruptos encumbrados en lo más alto de la sociedad, gobiernos, servicios secretos, el sistema financiero internacional siendo manipulado por la fuerza religiosa del mundo? —aseveró Calvi.

—A ver, explíquese. —dijo Betterson.

—¿Qué sucedería si la religión de mayor alcance en el mundo hoy en vez de tratarse de verdadero cristianismo fuera en realidad una religión distorsionada que ha secuestrado los evangelios y ha fusionado las creencias cristianas con un complejo plan de control social? ¿Qué sucedería si lo que conocemos hoy del Vaticano fuera sólo la parte benévola de antemano planeada por órdenes místicas paganas que viendo en el catolicismo un vehículo para imponerse sobre millares de gente han usado la religión para adelantar su planes mundiales de control humano? —aseveró Calvi.

—¿De qué manera pudo haber ocurrido semejante conspiración? —inquirió la señorita Canuso.

—Desde tiempos muy lejanos que alcanzan a los orígenes de Babilonia, Egipto, inclusive la misma leyenda de la ciudad de la Atlántida, han existido no sólo los ídolos a quienes les han levantado templos e imágenes sino que ligado a todo esto siempre han existido los grupos secretos considerados como los iniciados en el conocimiento o aquellos que se consideran los iluminados y sus reclamos de una sabiduría especial que los separa del resto de la gente a quienes consideran profanos. Se puede afirmar que estos grupos considerados místicos han estado presentes en las civilizaciones más antiguas y estrechamente relacionados al poder político. En historias antiguas como por ejemplo la bíblica podemos ver como los reyes paganos tenían sus órdenes relacionadas a los baales y de quienes demandaban poder sobrenatural. También se puede leer en los libros sagrados la historia de los faraones en Egipto y la existencia de hechiceros y magos capaces de realizar obras portentosas de transformaciones de la materia, lo que hoy se conoce como la alquimia. ¿Qué sucedería si órdenes secretas como la que les mencioné de los Nakkal o la antigua Hermandad de la serpiente, siempre se hubiese mantenido operando en secreto influenciando en los gobiernos por siglos y milenios e infectando todas las plataformas de control social tanto en la antigüedad como en nuestros tiempos. —respondió Calvi.

—¿Afirma usted que muchas de esos grupos secretos siguen presentes? ¿Piensa usted que la mencionada Hermandad de la Serpiente nunca desapareció? ¿Piensa que siguen influenciando sobre gobiernos de alguna manera? —indagó Beterson.

—Efectivamente, las sociedades secretas con influencias de creencias ancestrales siguen en lazos muy estrechos trabajando con el poder político y el poder religioso del mundo, esto hace que de forma inevitable se oriente la economía del mundo hacia las metas que se trazan en lo secreto. De muchas maneras nos afecta a todos en diferentes plataformas de la sociedad. —afirmó Calvi.

—De modo, que según su punto de vista, el cristianismo católico romano que se le ha dado a beber a todas las naciones, es según usted una mezcla de ideas cristianas fusionadas a los intereses de sociedades secretas. —resumió la señorita Canuso.

—¿Cómo sería posible esto? —indagó Betterson.

—Esto lo han hecho por medio de la infiltración. Sociedades secretas han identificado el poder y la influencia que se puede lograr por medio de grupos religiosos. De ésta manera han introducido sus satélites en puestos de mando y control dentro del clero. Me refiero al clero de la religión universal que domina muchas naciones y que se ha extendido por manos de Roma. Estos a su vez se han encargado de introducir a otros infiltrados. Estos infiltrados vienen a usar la apariencia de piedad de la religión, pero tras bastidores perseguirán las metas de las sociedades secretas y esas metas son muy opuestas a las agendas religiosas. El poder religioso en las manos equivocadas provoca que ocurran toda clase de tragedias sociales. Es por esto que en el pasado vimos como los romanos le dieron muerte al Cristo por sugerencia de los judíos, hace cerca de dos mil años, persiguieron a apóstoles y profetas, han aniquilado a millares por medio de las cruzadas, han creado sectas que luego usan para confrontar los poderes y lograr sus fines en la sociedad. En resumen, se han dedicado a reescribir la historia a su manera y se la han vendido a la gente como cierta para encubrir sus múltiples conspiraciones y mentiras. —explicó Calvi.

—Perdone… —interrumpió Betterson— ¿Está usted afirmando que el poder religioso del mundo al ser dominado por sociedades secretas han estado creando diferentes sectas en la sociedad que luego usan como armas de confrontación para llevar a cabo su control social? —indagó

—Eso es correcto. Mucha gente piensa que las sectas surgen en la sociedad de forma espontánea y aislada, pero no todas surgen así. Detrás de muchas sectas de ayer y de hoy, al igual que la mayoría de los partidos políticos responden a ideólogos que responden a los intereses de los ricos y adinerados controladores de todo. Ellos se las ingenian para estar presente en toda clase de partidos, religiones e instituciones de influencia social. Procuran ser tanto los ofensores como los ofendidos, los atacantes así como las víctimas, los revolucionarios y los sistemas opresores y cosas semejantes a estas. De esta forma el individuo se convierte en una indefensa marioneta que dista mucho de conocer las fuerzas que dirigen la sociedad y se pierden en un mar de opiniones inútiles. —aseveró Calvi.

—¿De qué manera piensa usted que las sociedades secretas han conspirado contra el Vaticano o contra la política y economía internacional? —preguntó Betterson.

—La conspiración consiste en el secuestro de la religión para conseguir metas viles y perversas. Se trata de fingir y fungir ser religiosos usando toda fachada de piedad y por otro lado perseguir metas maquiavélicas usando el nombre de Dios y astucias para someter la mente de la gente. La conspiración consiste en el uso de la religión para adueñares de las riquezas del mundo, someter la conciencia y la voluntad de la gente por miedo del temor y la intimidación. De ésta forma imponerse sobre gobernantes y naciones para adelantar sus planes de control mundial. —dijo Calvi.

—Esta trama de la que usted habla es realmente un mundo oscuro y secreto que nos afecta a todos. —dijo la señorita Canuso.

—En efecto, se trata de las acciones secretas y coordinadas de las sociedades masónicas en la cual están inmersos políticos de gran renombres, religiosos y grandes banqueros. Para cada colaborador de estas redes de corrupción mundial siempre existen las recompensas en dinero, puestos de autoridad e influencia social. Muchos de estos conspiradores saltan de un lado a otro en puestos de mando y de control en la C.I.A. y grupos de inteligencia, así como importantes puestos en sus departamentos de defensas nacionales. Se trata de un oscuro poder mundial que tiene como centro a Roma y que ha estrechado lazos con el poderío militar político económico y religioso del mundo. Estos son realmente los urdidores y amos del mundo. Son los que poseen las riquezas de las naciones y utilizan la religión para someter almas de hombres prometiéndole el cielo a los que hacen sus designios, por más oscuros que parezcan, y condenando a todos aquellos que son estorbos a sus planes de control mundial. Muchos de estos protagonistas son colocados por los poderosos del mundo en diferentes campos de batallas sea en bandos de grupos o gobiernos de terror o en naciones que aparentan vivir en democracia. Lo uno y lo otro carece de importancia para ello ya que son meros escenarios de control humano. Los diferentes escenarios contradictorios son usados para confrontaciones sociales que finalmente persiguen los mismos ideales que ellos han trazado de antemano. —aseveró Calvi.

—Señor Calvi, usted ha afirmado haber estado vinculado a la P2 y ahora da testimonio que aquellos quienes han conspirado contra usted tienen alguna relación con sociedades secretas y la mafia y afirma que existe un nudo muy complejo de poderes políticos, económicos y religiosos que afectan la sociedad de diversas maneras. ¿Cuánta influencia social pudieran tener esos grupos que usted menciona? —preguntó Betterson.

—Miren, este tipo de organizaciones se trata de grupos secretos reales con un poder de mayor impacto que el mismo pueblo o democracia. Se trata de organizaciones vinculadas a la CIA y grupos de inteligencia. Su poder se extiende hacia todos los aparatos de los estados que controlan. El gobierno viene a ser una marioneta de las ideologías y metas que ellos trazan, de la misma manera el ejército, los medios de comunicación y la prensa. Son ellos los que determinan las constituciones y las elecciones. El hecho de que hablen de derechos en la constitución no quiere decir que sean completamente morales en sus acciones y mucho menos en sus asuntos internacionales. Se consideran los señores sobre todas las cosas y sus negocios traspasan los límites de lo legal. En algunos noticieros se ha expuesto la realidad de los vínculos de los servicios secretos y las redes de narcotráfico. Ayer y hoy, el dinero sucio de la droga es usado para diferentes propósitos de financiamiento de guerras, grupos guerrilleros y diversos males sociales. Lo terrible de todo esto es que están vinculados a los que se suponen siembren la moral y el bienestar en la sociedad. —afirmó Calvi.

—¿De qué forma o manera? —indagó Canuso.

—Por los lazos que extienden por medio de las logias poderosas que trabajan con redes secretas de intervención y subversión y que son obra y creación de la CIA y de grupos de inteligencia en diferentes naciones. Estos tienen como misión desplegarse por los países y cumplir metas políticas. Esas metas políticas las llevan a cabo por medio de asesinatos, chantajes, sabotajes, y procuran decidir las elecciones y el destino de los pueblos. Procuran penetrar todos los aparatos dentro de los estados y someterlos a las metas de la potencia masónica. Todo esto para fortalecer el control de la oligarquía y someter al mundo a sus designios por toda clase de estrategias. —aseveró Calvi.

—¿Se le podría llamar a esa manera de actuar un gobierno invisible? —preguntó Canuso.

—No sólo se trata de un gobierno invisible sino también de un estado dentro del estado donde todos los bandos son controlados. Muchos actos terroristas son de su propia creación y la culpa es achacada sobre falsos montajes y personas irreales. Se trata del imperialismo provocando toda clase de hechos por más oscuros u horrendos que parezcan. Mientras la mayoría de la gente vive en la fantasía, estos grupos secretos siguen determinando el presente y el futuro de los pueblos. Este gobierno invisible alcanza la alta alcurnia religiosa y extiende sus tentáculos por todos los gobiernos de la tierra y sus diferentes negocios, tanto limpios como sucios y participa de sus ganancias. Las grandes potencias del mundo son padrinos del entramado financiero religioso, político y económico que nos afecta en todos los sentidos como ciudadanos. ¿Es casualidad que muchos de los terroristas en diferentes naciones antes de dedicarse a sus negocios sucios todos tenían un aspecto en común y es que fueron educados en el mismo lugar. La llamada "Escuela de las Américas", el Fort Benning en Georgia. Un lugar donde los personajes han sido adoctrinados para obedecer a los servicios secretos cuyas agendas van acorde a los intereses de los oligarcas y que responden a aspectos económicos, políticos y estratégicos y que desde un principio ha estado vinculado también al control desmedido que planean los jesuitas al usar el Vaticano para el control del mundo. ¿Es casualidad que personajes como el terrorista Bin Laden tenga antecedentes de amistad con el gobierno norteamericano? ¿Por qué gran parte de los dictadores en diferentes lugares como Guatemala, El Salvador, Chile, Argentina, Perú, Panamá, Ecuador, y otros, tienen el antecedente común de haber pertenecido a "La escuela de las Américas", lugar donde se preparaban a los terroristas en toda clase de acciones perversas como: asesinatos, torturas, chantajes, intimidación, violencia y toda clase de manipulación social. ¿Es un secreto que la CIA haya entrenado, armado, financiado y protegido a los Escuadrones de la muerte en diferentes naciones como: Nicaragua, Corea del Sur, Chile, Uruguay, Irán, Guatemala, El Salvador, entre otros lugares? ¿Para quién trabajan? ¿No es para los grandes intereses internacionales de los oligarcas que controlan la política? —aseveró Calvi.

—Entonces, de lo que estamos hablando es de una sociedad completamente controlada por fuerzas oscuras que persiguen fines siniestros. —resumió la señorita Canuso.

—Señorita Canuso, la corrupción mundial es tal que la masonería y sus logias al estar controladas por los designios de los jesuitas del Vaticano son los que establecen las metas a seguir por las naciones. Pero no se confunda, no se trata de religiosos cristianos sino de religiosos paganos quienes usan una fachada cristiana y la enarbolarán siempre para permanecer ocultos. La verdadera cara de los jesuitas es la que fue descrita por uno de los propios masones, me refiero a Napoleón Bonaparte cuando dijo: *"Los Jesuitas son una organización militar, no una orden religiosa. Su jefe es el general de un ejército, no el mero abad de un monasterio. Y el objetivo de esta organización es poder - poder en su más despótico ejercicio - poder absoluto, universal, poder para controlar al mundo bajo la voluntad de un sólo hombre [El Papa Negro, Superior General de los Jesuitas] El Jesuitismo es el más absoluto de los despotismo - y, a la vez, es la más grandioso y enorme de los abusos..."* —citó Calvi.

—¿Los jesuitas? —indagó Betterson.

—Sí, pero no se trata de la fachada social benévola que se han creado. No se trata de una orden de santos cristianos. —dijo Calvi.

—Entonces, ¿se trata de una orden que usa la religión como fachada para controlar el mundo? —indagó Canuso.

—Se trata de una orden militar que persigue filosofías ancestrales basadas en el ocultismo.

Ellos son los verdaderos fascistas vestidos de negro y quienes idealizan los planes que deben seguir los papas romanos, los presidentes de naciones y toda la jerarquía que han logrado controlar por medio de las logias del mundo. —explicó Calvi.

—Pero entonces, se presentan ante la sociedad como celebres religiosos dignos de ser venerados por hacer el bien. —dijo Betterson.

—Así es, se trata de un mero juego psicológico de manipulación social. El mismo juego que realiza la masonería y sus obras filantrópicas. Por un lado se proyectan como aquellos a quienes les importa el bien de la sociedad y por otro se prestan en colaboración para seguir y adelantar los planes de los fascistas que controlan el mundo. Los jesuitas se visten de corderos pero son en realidad dragones capaces de aniquilar naciones. —dijo Calvi.

—Según lo que puedo ver, la religión esta siendo usada como una cortina de humo para tapar los verdaderos motivos y acciones sociales de los conspiradores del mundo. —dijo Brittanny Canuso.

—Eso es exactamente lo que han estado haciendo. En las altas esferas religiosas del Vaticano se han introducido personas con ideales que son todo lo opuesto a lo que es la sana religión. Se trata de personas que veneran filosofías cuyo culto es a Lucifer. Estas personas veneran y adoran deidades similares a las de la Hermandad de la Serpiente. Sin embargo, para mantener el control social religioso se valen de discursos y filosofías cristianas que han estudiado y conocen muy bien para imponerse sobre las masas como gente que profesan la piedad. Estos han visto en la religión una herramienta y un vehículo por el cual pueden someter a las naciones. Ellos saben que para lograrlo tienen que vestirse de piedad. Deben hablarle al mundo como gente de bien y presentarse con vestidos blancos muy opuestos a lo que realmente son en la realidad. Hablan de paz cuando en su interior reina la guerra y la muerte. Hablan de igualdad cuando en realidad aniquilan naciones enteras. Hablan de un nuevo orden mundial pero lo único que les importa es proteger los intereses de los ricos. Ellos han creído la filosofía que son los dioses que deben regir y ante quien los pobres deben humillarse. Ellos se consideran en la posición superior para determinar la vida o la muerte de quienes quieran. Parte de este control terrible que han llevado a cabo lo es lavando cerebros de hombres por medio de sus falsas propagandas. ¿Qué tenemos? Tenemos a gente muy poderosa encumbrados en los altos gobiernos y sacando partida y lucrándose de los negocios oscuros de la droga y del narcotráfico del mundo. Los grandes organismos que se suponen lleven orden y moral, han sido absorbidos por la avaricia y se han convertido en marionetas del sistema. Dicha oligarquía financiera que domina al mundo somete las leyes, las ideologías, y las burocracias electorales de los países e imponen sus intereses sobre todos. Ellos se han adueñado de periódicos, editoriales, medios de comunicación, e influyen en todo lo que se enseña en las universidades y escuelas. Obviamente, también han creado sus paraísos fiscales. Una clase de bancos donde pueden colocar su dinero y ganancias a granel obtenidas de la explotación del mundo en toda clase de negocios limpios y sucios y que nadie pueda identificar el origen de sus ganancias y mucho menos cuestionarlas. —afirmó Calvi.

—Si esto es así como usted lo afirma, entonces no existe libertad alguna. —dijo Betterson.

—Lo que existe es un espejismo de libertad. La sociedad es educada en lo que los oligarcas quieren educarla. Ellos interfieren en currículos de universidades. Detienen o avanzan proyectos científicos según los consideren necesarios. Estas son las razones por las que seguimos dependiendo del petróleo y de viejas fuentes de energía. No es porque no existan otras fuentes que sirvan para crear la energía sino que al momento la más rentable para estos conspiradores es mantener a la gente hundida en la miseria mientras ellos se enriquecen cada vez más. —dijo Calvi.

—De ser esto cierto, estamos frente a un verdadero monstruo y maquinaria social. —comentó Canuso.

—Estamos frente a una milicia que hunde sus raíces en antiguas sociedades secretas paganas con bases en Egipto y Babilonia. Filosofías que son consideradas ocultistas por su veneración a Lucifer. Esas tradiciones ancestrales se mantienen vivas por medio de grupos secretos como los llamados *"Skull and bones"* en la que han adoctrinado a muchos presidentes de Estados Unidos y que tiene ideologías similares a las practicadas por diversidad de sociedades secretas masónicas. —aseveró Calvi.

—¿Puede usted hacer mención de algunas de esas sociedades secretas que según usted siguen filosofías luciféricas y tienen lazos con la masonería y con las metas de políticos, banqueros y pseudos religiosos encumbrados en esferas de poder y autoridad en el mundo? Me pregunto, ¿de qué manera justifica usted la idea que la mitología y la leyenda de la Atlántida se ha convertido hoy en una meta a seguir? —preguntó Betterson.

—Las sociedades secretas están ligadas desde sus comienzos a una serie de ritos desde un principio simbólicos con el propósito de vencer la mente del individuo para someter su completa voluntad a la obediencia. —dijo Calvi.

—¿Obediencia hacia qué? —indagó Betterson.

—Obediencia a las nuevas filosofías y conceptos que desde el comienzo le inculcarán a los nuevos iniciados y que irán disfrazadas de conceptos morales de hacer el bien. Esto en los primeros grados. Conforme avanzan los grados van introduciendo al individuo de forma astuta en las ideologías de seguidores del satanismo como la literatura de Albert Pike, entre otros declarados adoradores de Lucifer. Por supuesto que los neófitos iniciados negaran toda clase de vínculos con esas filosofías, pero tan pronto alcanzan los grados superiores irán siendo moldeados a esas ideas como si se tratara de cosa normal y aceptable. Atraerán toda clase de gente a sus círculos e irán comprando conciencias por medio de ofrecimientos de poder social e influencia. Ahora bien, contestando su pregunta, dentro del mundo de las sociedades secretas abundan los ritos, los símbolos, los códigos y las predicas de filosofías. Existe la búsqueda de esa ciudad mística de un mundo de "sabios" sin embargo, su definición de sabiduría de lo que se trata es de ir en pos del saber oculto que asegura poseían las antiguas civilizaciones primitivas. Viajando hacia el pasado alcanzan las filosofías de Egipto y de Babilonia de quienes han adoptado numerosos emblemas que podemos ver en las insignias de los Estados Unidos de América, específicamente en el dólar americano. Esos símbolos egipcios como el "ojo de Horus" nos dicen que existen conexiones con las filosofías milenarias. Pero antes de Egipto, esas filosofías pertenecían a lo que fue la Atlántida. Es por esto que en la masonería de Hitler, la leyenda de la Atlántida juega un papel central. —dijo Calvi.

—¿Cuáles son las creencias comunes a muchas de esas sociedades secretas de ayer y de hoy? —indagó Canuso.

—Dentro del mundo de los secreto y de lo oculto se busca esa ciudad mística de sabios. Se persigue la creencia que son los genios los que deben gobernar el mundo. Surgen pues los reclamos de que la sabiduría se obtiene por medio de seres de luz y es aquí donde se entra en el mundo del espiritismo o contacto con alguna otra clase de seres que algunos los llaman los "extraterrestres". Ese era y aun lo es el caso de la *sociedad Vril* la cual es sólo una entre muchas que siguen prácticas semejantes. De la misma forma que en el pasado los atlantes regían sus vidas por las leyes de Poseidón, así dentro de las sociedades secretas hay sus códigos de conducta. Siempre procurando que se mantenga ante la sociedad la fachada de bienestar común y de filantropía. En su búsqueda del saber aumentará el deseo de lograr cosas maravillosas y sorprendentes por medio de las ciencias ocultas. Muchas de las sociedades secretas niegan el racismo, pero este sigue presente. En sus reclamos de una sabiduría superior obedecerán lo que consideran es la iluminación de los seres de luz. Aunque dentro de esas ideas envuelva la aniquilación de pueblos enteros, como lo trató de hacer Hitler contra los judíos considerados inferiores. El ejemplo del nazismo y sus vínculos con la masonería pueden explicar de que son capaces esas ideologías hoy diseminadas por el mundo entero por medio de sus logias influenciando sobre diferentes gobiernos. En el pasado, los seguidores de mitos creían en el derramamiento de sangre como método para obtener poderes y energía. Siendo que esas filosofías siguen latentes, es evidente que los sacrificios humanos siguen realizándose de forma disfrazada en la sociedad. Son millones los que mueren hoy a causa de las guerras, atentados, enfermedades creadas en laboratorios, efectos del narcotráfico, y toda una serie de factores que envuelven la reducción poblacional. Lamentablemente, muchas de estas muertes son el resultado de las acciones de grupos que siguen creyendo en mitologías. La meta, la creación de un gobierno mundial basado en los pilares de su cosmovisión racista. —explicó Calvi.

Las palabras de Calvi ocasionaban que los ojos de sus entrevistadores se abrieran. Ahora comenzaban a ver el mundo desde otra perspectiva. Este misterioso banquero hablaba de cosas que eran muy fuertes en sus conciencias y lo peor de todo era que brindaba pruebas de sus argumentos.

"En todas las religiones intensas, el pobre es más creyente que el rico."

–Gilbert Keith Chesterton

Capítulo 9
El secuestro de la religión

—Señor Calvi, usted ha vinculado el alto poderío religioso del Vaticano a la oscura red de conspiradores que envuelven a los grandes intereses bancarios quienes según usted han estado ligados a las acciones sobre la sociedad de la mafia, grupos terroristas, dictaduras y asocia algunas sociedades secretas con el mundo ilegal del narcotráfico y sus ganancias sucias. ¿Cómo se puede separar lo que es leyenda, mitología y la realidad en estos temas sobre conspiraciones y corrupción cuando se trata de los religiosos? —indagó la señorita Canuso.

—Es lamentable que los hombres encumbrados en altas esferas políticas, religiosas y económicas estén persiguiendo ideales mitológicos racistas e injustos sobre las naciones y afecten a gente inocente. —aseveró Calvi.

—¿A qué se refiere? —inquirió Betterson.

—La historia nos mostró de lo que es capaz el ser humano cuando convierte la mitología en una meta del mundo real. Haciendo esto los jerarcas nazis exaltaban la raza aria por encima de las demás razas de la tierra. Ellos mismos se consideraban los descendientes de los atlantes. Elaboraron un cuerpo de creencias que los hizo atentar contra millones de judíos y darle la muerte de la manera más terrible. Esto sin importar si eran mujeres, hombres o ancianos. Las metáforas que ellos aplicaban eran lo suficiente dañinas para considerar a todos los demás inferiores y disponer de las vidas de otros. —explicó Calvi.

—¿Qué tiene que ver la mitología seguida por los nazis y el Vaticano? —preguntó Canuso.

—Se trata de un nudo donde convergen toda clase de poderes que dominan el mundo. El Vaticano y las papas fascistas que componen el alto clero no son diferentes a aquellos fascistas dictadores que han afectado el mundo en el pasado y lo afectarán en el futuro. —aseveró Calvi.

—Explíquese por favor. —dijo la señorita Canuso.

—A lo que me refiero es que dictaduras como las de Hitler u otros dictadores no se trata de cosas que surgen de forma aislada o espontánea de un simple grupo de racistas alemanes. De lo que se trata es de una ideología que domina las altas esferas de los gobiernos, la religión y la economía. Todos por igual han bebido de las fuentes paganas de la mitología y la pretenderán aplicar a escala global. Esto nos afecta a todos por igual. —afirmó Calvi.

—A ver si entendí. Usted lo que está afirmando es que esa mentalidad que tuvo el tercer *reich* de Hitler estuvo basada y justificada de acuerdo a los pilares de su cosmovisión, la cual era una racista y basada en mitologías. Esa mitología les servía para elaborar todo un cuerpo de creencias que aplicaron en su política de forma literal, aunque significara la aniquilación de millones de personas considerados diferentes. Sin embargo, usted afirma que el Vaticano comparte esas mismas creencias racistas y terribles. ¿Cómo es posible que eso sea cierto? ¿No predican el evangelio de Jesucristo? —inquirió Betterson.

—Lamentablemente la mentalidad que domina las grandes esferas políticas, religiosas y económicas lo es el amor al dinero. —dijo Calvi.

—O sea, que según su punto de vista las altas esferas de poder se han vendido a lo que el dinero les determine. ¿Se puede explicar? —indagó Canuso.

—Lamentablemente así es. Los grandes intereses del mundo han entrado en competencia por quien tiene más caudal económico. Su afán por mantener el poder, el control y las riquezas los conducen a hacer cosas horrendas sin importar que eso signifique el exterminio de pueblos enteros. —dijo Calvi.

—¿De qué manera el Vaticano ha entrado en ese juego sucio de la avaricia y la corrupción?

—Desde tiempos pasados, cerca del siglo XV, el poderío económico ha ido conduciéndose a manos privadas. La historia nos habla de los sirios, lombardos, florentinos, genoveses, venecianos, judíos y de los templarios. Cuanto más rico se convirtiera los grupos privados mayor sería su influencia sobre la sociedad. Mucho de lo que se habla hoy del poderío de la alegada conspiración judeo-masónica o de los tentáculos capitalistas tiene una estrecha relación con los grupos que se han tornado muy poderosos en la tierra y van abarcando cada vez más territorios y adueñándose de todo. —explicó Calvi.

—¿Cómo es posible que el poder y las riquezas se hayan concentrado en manos privadas con tanta diversidad de naciones y sus diferentes culturas? —preguntó Betterson.

—Primero, cuando identifican que la religión, más que ser una forma de ganarse el cielo la han convertido en grupos manipulables o herramientas de control humano. Han distorsionado la teología para convertirla en mecanismos de culpa humana. Para lograr vencer la mente de la gente les hacen creer que el cielo depende de cuan sometidos estén a sus designios. De esta manera se presentan en su complejo mesiánico cuyo propósito es el control de los individuos. Es así como la figura del papa romano juega un papel central a la hora de manipular las masas. Se le hace creer a la gente que él mismo es Dios en la tierra. O sea, el papa romano viene a ocupar el lugar de Jesucristo. ¿Qué tenemos aquí? Tenemos la herramienta de sometimiento clave sobre los pueblos y naciones. Estos falsos religiosos vienen a utilizar el cristianismo para imponer sus agendas globales. De esta manera, todos sus designios, siempre estarán justificados por la oratoria religiosa. Es por esto que aun en las atrocidades cometidas por Hitler los religiosos hacen expresiones como que el dictador fue un defensor de la iglesia y que cumplió la voluntad de Dios. En los diez mandamientos se ordena no matar, pero ellos matan y cuando lo hacen justifican sus conciencias por medio del "perdón" que le brinda sus "dioses en la tierra". Vencen a sus víctimas de forma psicológica para luego demandar toda clase de obediencias. Segundo, aquí es donde se apoderan de las riquezas de los ricos, cuando los ricos piensan que obtienen el cielo al someterse a la maquinaria religiosa. Tercero, elevan la figura de los papas a autoproclamarse Dios mismo, de esta manera, le entregan en sus mentes la idea al papa romano que puede determinar su destino eterno, por lo que obedecerán sus designios. Esto es religión, pero ¿qué sucede cuando la religión se convierte en un mero mecanismo de control y cuando el alto clero es todo, menos religioso? —aseveró Calvi.

—Entonces, usted esta afirmando que existen unos intereses oscuros que se han entronado sobre las potencias religiosas persiguiendo fines seculares pero utilizando la religión como fachada. —resumió la señorita Canuso—. ¿De qué manera piensa usted que ha sucedido el traspaso de fines religiosos a fines seculares? ¿Cómo es que llega al trono de Roma personas con otra clase de mentalidad enfatizada en lo secular? —indagó.

—Todo se relaciona al poder del dinero. ¿Cómo se fueron nutriendo los capitalistas de los Estados Unidos de América, los Estados Unidos de Europa y Gran Bretaña? Los ricos vinieron a hacerse los prestamistas de toda clase de gente muy poderosa. Una vez se convirtieron en deudores de los adinerados vinieron a ser sus marionetas. Los magnates florentinos estrecharon lazos con el Vaticano. De ésta manera los Médicis lograron infiltrar en el papado a personas muy allegados a ellos. ¿Qué significado tiene todo esto? Esto significa que el poder económico sometió la piedad y la religión para convertir a la religión en una herramienta al servicio de los ricos. —afirmó Calvi.

—De modo que usted ve al Vaticano como una institución religiosa que ha sido secuestrada por los ricos y por intereses que no necesariamente corresponden a la piedad pero que sigue usando la fachada de cordero. —resumió Betterson.

—Eso es correcto. De ésta forma el poder papal ha venido a convertirse en un arma secreta que usa las vestimentas sacerdotales para imponer las agendas de los ricos sobre todos los gobiernos y religiosos de la tierra, sin importar si esas agendas están ligadas a creencias mitológicas racistas de control humano como lo hicieron al estrechar lazos con dictadores como Hitler. —afirmó Calvi.

Sin duda alguna, las afirmaciones del señor Calvi se presentaban como aquellas que contrastaban con la historia que se enseñaba en las universidades del mundo. Parecía mostrar su verdad de forma cruda y se podía notar en sus palabras la pasión por llevar la verdad. Esa verdad por defenderla casi le cuesta la vida.

"El hereje no es el que arde en la hoguera, sino el que la enciende."

— José Ingenieros

Capítulo 10
Sociedades secretas y religión

—Señor Calvi, usted al comienzo de la entrevista relacionó al Vaticano con las sociedades secretas. ¿Cómo se da esa interacción? —indagó Betterson.

—Esa interacción se da de la misma manera que se someten naciones completas por medio del poder de los ricos. Primero, tenemos a gente muy poderosa quienes van aumentando sus riquezas por medio de préstamos y de la usura. Ellos tendrán sus métodos para inclinar las balanzas hacia los mercados donde tienen sus inversiones. De la misma manera se adueñarán de todo alrededor, es decir: industrias, bancos, empresas, corporaciones, y todo lo que les sea rentable, incluyendo iglesias. Ya les mencioné que el poder fue pasando a manos privadas por medio de los banqueros, magnates y mercaderes sirios, lombardos, florentinos, genoveses, venecianos, judíos y de los templarios. Muchos

147

de estos grupos ya venían con la tradición y la práctica de sociedades secretas paganas. —respondió Calvi.

—Bueno, en resumen de lo que usted ha afirmado hasta el momento, tenemos leyendas y mitologías muy antiguas que han sido absorbidas por grupos muy poderosos de la tierra. Esos grupos poderosos han extendido su poderío y sus tentáculos sobre la tierra usando la religión cristiana y mezclándola con ideologías de antiguas creencias paganas. La religión ha venido a ser un instrumento de estos poderosos quienes han creado un mercado privado sobre el mundo completo adueñándose de todas las riquezas. Utilizando diferentes mecanismos han logrado someter la religión, la política y la economía. Pero, ¿cómo se da esa mezcla entre ideologías religiosas entre cristianismo y las creencias de sociedades secretas? —inquirió la señorita Canuso.

—Las sociedades secretas de ayer y de hoy han bebido de las fuentes ideológicas ocultistas provenientes de la antigua Babilonia. Aún en tiempos bíblicos cuando Jesucristo estaba físicamente en la tierra existía un judaísmo que estaba basado sobre la Cábala y el Talmud. Dentro de esos escritos se encuentra la conexión ideológica religiosa con la religión de Babilonia cuatro milenios anteriores. Por un lado existían los judíos que procuraban obedecer la Ley de Moisés y por otro lado estaban aquellos judíos quienes traspasaron esos límites para caer en las enredaderas de una mezcla de ideas con herencia babilónica. Eso significa que para el tiempo en que Jesucristo estaba sobre la tierra ya existía un grupo de sacerdotes judíos quienes seguían creencias "judías místicas". Estos estarían funcionando de forma secreta dentro de la alta alcurnia religiosa y política. Lo que muchos conocen como los fariseos y saduceos. —dijo Calvi.

—Entonces, ¿fueron ellos los que influenciaron dentro del poder político para asesinar a Jesús de Nazaret? —indagó Betterson.

—Eso es correcto. —contestó Calvi— Sería la misma fuerza secreta que conspiró para levantar al pueblo en contra del nazareno y posteriormente también se opusieron a los apóstoles asesinando a muchos de ellos. Esas sociedades secretas han continuado hasta hoy y son parte de las creencias que poseen los templarios y otros grupos secretos que son derivados de ellos. —explicó Calvi.

—Usted habla en presente, como si pensara que los templarios siguen vigentes. —dijo la señorita Canuso.

—Señorita Canuso, las ideas de los templarios siguen vigentes así como sus metas. —aseveró Calvi.

—¿De qué manera? —indagó Canuso.

—En tiempos pasados los Caballeros del Temple se presentaron como aquellos que estaban dispuestos a defender a los cristianos y a proteger todo lo que tuviera que ver con los santos cristianos. Sin embargo, ¿qué mejor fachada para los enemigos de la religión que presentarse como gente de piedad y con voto de pobreza haciendo alusión a una vida entregada a Dios. —dijo Calvi.

—Entonces usted insinúa que los enemigos del cristianismo se infiltraron por medio de los templarios y órdenes secretas místicas en las altas esferas religiosas. —comentó Betterson.

—No sólo eso, esas órdenes son todo lo contrario a lo que el cristianismo practica, sin embargo, son muy astutas. Ellos sabían que la manera de controlar a los religiosos era presentarse como uno de ellos, es decir, por medio de infiltraciones. De esta manera, irían dirigiendo riquezas a sus manos y utilizarían la religión de forma maquiavélica. Ellos afirmaron poseer la herencia de los secretos de Salomón. Crearon toda clase de ritos secretos y se instalaron mano a mano con el poder de los papas. Las riquezas de los papas estuvieron a su disposición, y en el momento cuando permitieron que los gremios de trabajadores les construyeran los templos fue el momento cuando difundieron su filosofía sobre la masonería. Desde entonces, hicieron a los masones los herederos de sus conocimientos y metas sobre la sociedad. —dijo Calvi.

—Entonces, según lo que puedo comprender de sus palabras, la masonería bebió de la fuente ocultista de los templarios, quienes en un principio se presentaron usando la fachada religiosa. —resumió la señorita Canuso— ¿Cuál será el resultado de esa fusión? —inquirió.

—El resultado es que la masonería tomo otro giro y vino a cumplir las metas de las sociedades secretas que mencionamos en un principio sirviendo de asesores de los gobiernos, políticos, religiosos, y banqueros. Es pues en la masonería donde se encuentra hoy la búsqueda del conocimiento oculto antiguo. Más allá de las diferentes predicas en diferentes materias y de la simbología que existe en dichos grupos cerrados lo que se persigue es la meta de aquellos poderosos quienes controlan todo. —dijo Calvi.

—¿Quiénes son esos poderosos? —preguntó la señorita Canuso.

—Cuando me refiero a los poderosos estoy hablando de aquellos quienes se han enriquecido y se han apoderado de los tesoros de la tierra y han sometido las plataformas sociales a sus intereses. Lamentablemente, esos poderosos persiguen metas de ideologías siniestras las cuales son de temer como el mismo racismo que dominó la mente de muchos dictadores. —dijo Calvi.

—Hay algo que no entiendo. —reaccionó Betterson.

—¿Cuál es su duda? —le preguntó Calvi.

—Muchos grupos religiosos ven a Israel como un tipo mesiánico. Ellos afirman que fue por medio de ellos que vino el Mesías salvador. Por lo que afirman que Dios tiene un pacto con esa nación y peleará por ella de tal forma que todos sus enemigos serán derrotados. Usted afirma que hay sociedades secretas que han venido por medio de los judíos y que tienen metas oscuras y tenebrosas. Pregunto, ¿Cómo justifican los grupos religiosos esas ideas de que Dios defenderá a los judíos? —indagó Betterson.

—Lo que sucede es que no se puede generalizar. Cuando se habla de los judíos son muchos los que se dejan llevar por la propaganda antisemita de aquellos poderosos quienes tienen como meta el control del mundo entero incluyendo Tierra Santa. Los judíos siempre serán el pueblo de elegido por el hecho que fue la nación escogida para traer el Mesías, sin embargo, dentro de los judíos también se encuentran muchos enemigos. Fueron esos que atentaron contra el judío Jesús de Nazaret y contra muchos otros judíos. Los judíos pertenecientes a sociedades secretas son los que hoy van de la mano de los fascistas provocando toda clase de levantamientos y guerras terribles. Muchos judíos no perciben la manipulación a gran escala y caen en las redes de los conspiradores. El único interés de los fascistas es conducir a Israel como oveja hacia el matadero y provocar un enfrentamiento contra los árabes para de esta manera limpiar la tierra o tratar de borrarlos de la tierra. —aseveró Calvi.

—O sea, de lo que usted habla es de una infiltración de sociedades secretas dentro de la nación de Israel que conduce su política a ir a la par de los fascistas quienes en realidad son sus enemigos. —resumió Canuso.

—Miren, los judíos nunca han sido parte del plan de los conspiradores. Ellos al igual que Hitler desean eliminarlos de la faz de la tierra, sin embargo, usarán a todos aquellos que les sirvan para adelantar sus planes. En la historia vimos como Hitler adoptó las técnicas de manipulación de las sociedades secretas. Esas técnicas de sociedades secretas provenían de sociedades secretas judías. Sin embargo, los nazis quisieron eliminar toda competencia y aniquilaron a las sociedades secretas que no estaban bajo su control. Los fascistas beben del misticismo ocultista pagano y en esa dirección caminarán. Ellos usarán las diferencias religiosas de los judíos ocultistas para procurar derribar la religión, en especial la religión que se oponga a su sistema de control mundial. —dijo Calvi.

—Pero las sociedades secretas masónicas tienen en alta estima al Salomón bíblico, ¿cierto? –indagó Betterson.

—Lo que sucede es que Salomón vino a ser un emblema de sabiduría. Sin embargo, la sabiduría que las sociedades secretas procuran obtener es la mística ocultista. La que se relaciona a las muchas mujeres idólatras con las cuales Salomón contrajo nupcias. Se trata de usar el legado de Israel para imponer de una manera distorsionada agendas globales de control humano. Fue en nombre de la religión del judaísmo que los fariseos procuraban inculpar y condenar a Jesús de Nazaret. De la misma forma y utilizando los mismos métodos, procurarán imponer un sistema que parece religioso, pero en realidad combate la religión. Esto lo harán incorporando agendas políticas implantadas como leyes tomando como base la Cábala ocultista y el Talmud babilónico. De esta manera procurarán eliminar a sus opositores en nombre de la religión aplicando la guillotina a los que no se sometan a su control ideológico. —aseveró Calvi.

—¿La guillotina? —inquirió Canuso con expresión de asombro.

—Señores, estos grupos de poder son fascistas. Son los mismos que han dado muerte a millones de personas en todo el mundo por diferentes medios sea terrorismo, guerras, confrontaciones o explotación de pueblos por obtener el maldito dinero. No les interesa la vida humana sino solo aumentar cada día su poder y riqueza. —afirmó Calvi.

—Usted vincula al Vaticano con las sociedades secretas, pero, ¿no se supone que esas sociedades están prohibidas por las leyes de la iglesia? —indagó Canuso.

—Miren, existe una conspiración cuyo propósito es crear un nuevo orden mundial fascista. Sin embargo, para lograrlo obrarán de forma sutil y disimulada. Para esconder sus verdaderos propósitos fascistas y lograr sus objetivos irán usando diferentes maquinarias que conduzcan a la gente sin que siquiera puedan darse cuenta hacia donde los conducen. Es por esto que en los discursos tanto de los papas como de los presidentes de naciones se comienza a preparar a la gente con frases como "nuevo orden mundial", "nueva conciencia" y cosas semejantes a estas. Lo último que se verá es un esfuerzo coordinado de los "religiosos" del Vaticano hablando de vida extraterrestre. Esto porque esas creencias son parte de las sociedades secretas antiguas y modernas. Recordemos los intentos de los jerarcas nazis y la Vril de hacer esa clase de contactos con esos "seres de luz". Luego esas creencias se han infiltrado en las demás plataformas y le están haciendo gran propaganda en los medios de comunicación que están bajo su poder. —dijo Calvi.

—¿Un nuevo orden mundial fascista? ¿De dónde obtiene semejante idea? —preguntó Betterson.

—En las sociedades secretas las cuales están vinculadas a las altas esferas de poder siempre ha existido el deseo de dominar el mundo completo utilizando toda plataforma existente. Las sociedades secretas tienen una peculiar forma de actuar. No se trata de meros grupos con filosofías ocultistas. Se trata de un esfuerzo organizado que penetra las plataformas más importantes de la sociedad y trabajando en lo secreto procurando imponer sus agendas de forma sorpresiva y para cuando la humanidad pueda reaccionar ya sea muy tarde. Se trata de una conspiración pieza maestra. Bien pensada, muy perversa y que producirá fines catastróficos sobre el mundo. Uno de los pioneros de esas ideas lo fue el jesuita Adam Weishaupt quien en el siglo XVIII impulsó toda una orden militar para procurar conseguir por medio de la masonería un gobierno mundial que se relaciona a los intereses de los ricos y que se describe como una dictadura ocultista. Se trata de la misma mentalidad que posteriormente tendría Hitler sobre el mundo. La terrible realidad del Holocausto debe servirnos de advertencia de lo que puede suceder en el futuro de mano de estos conspiradores. —afirmó Calvi.

—¿Son católicos los conspiradores? —preguntó Canuso.

—Los conspiradores se visten de la religión que les sea útil. Definitivamente ya penetraron el Vaticano y lo usan muy bien para conseguir sus planes mundiales. —dijo Calvi.

—O sea que según su punto de vista, las alegaciones que hace el Vaticano de que poseen el trono de San Pedro como si se tratara de una plataforma de autoridad cristiana, en realidad es una plataforma que ha sido secuestrada por agentes oscuros que son todo lo contrario a lo que ellos alegan. —dijo la señorita Canuso.

—Lamentablemente son millones las víctimas que siguen las agendas de falsos clérigos quienes hace tiempo abandonaron el verdadero camino y se han rendido a los intereses de los ricos de la tierra. —dijo Calvi.

—¿Cómo piensa usted que culminará toda esta trama de secuestradores de la religión? —indagó Betterson.

—Los conspiradores usan la religión como una herramienta de control humano. Por el momento se mantendrán tras la máscara de piedad y de corderos. De esta manera arrastraran a millones a la obediencia a los planes determinados de antemano por los grandes intereses. Luego que hayan impuesto su sistema de control destruirán la religión para darle paso a una dictadura de control desmedido sobre el ser humano. —dijo Calvi.

—Me pregunto, cuando usted habla de conspiradores habla de una manera general. ¿Podría usted brindar algunos nombres específicos de personas que se pudieran considerar conspiradores? —inquirió Betterson.

—Claro que sí. Detrás de cada conspiración se encuentra el motor del dinero. Ellos actúan siendo financiados por gente muy poderosa. —aseveró Calvi.

—¿Cómo quién? —preguntó Canuso.

—En el caso del jesuita Adam Weishaupt y su creación de una milicia de iluminados cuyo propósito era y es infiltrarse en todas las esferas de poder que controlan la sociedad por medio de los satanistas iluminados tenemos a Casa de los Rothschild. De la misma manera, detrás de muchos dictadores y asesinos como lo fue Hitler fueron sociedades secretas como la Thule quienes financiaron su partido. Más que tener la terrible realidad de personas maquiavélicas e inescrupulosas siendo infiltradas en las esferas de poder con metas oscuras de control humano de forma desmedida y con bases muy tenebrosas también tenemos la mano negra de poderosos quienes financian todo esto persiguiendo una agenda ya establecida. Se trata de un plan mundial. —resumió Calvi.

—La realidad de muchos es muy triste ya que al depositar su fe en un sistema reciben desilusión y desafección pues los Iluminados se han infiltrado en el papado romano para conducir al mundo hacia sus agendas. Mientras millones de feligreses del mundo piensan que los clérigos que dirigen al Vaticano responden a la santa fe de la Biblia, por otro lado son muchos los "clérigos" que están haciendo ritos de iniciación en ceremonias bajo tierra conforme lo dictaminan las sociedades secretas que han minado la casa. Existe mucha similitud entre esas ceremonias y las que realizan los *Skull and Bones* (Calavera y huesos) en la cual muchos presidentes de Estados Unidos fueron preparados. —dijo Calvi.

—Entonces, es un sistema mucho mayor que el poder religioso o el poder político. Son los urdidores del sistema. —reflexionó Canuso.

—Es por esto que la simbología ocultista no sólo se exhibe en el dólar americano. Se exhibe también en el Vaticano y en las sociedades secretas que le rinden culto a Isis, Osiris, Semiramis, Horus, Ra y toda una serie de ídolos procedentes del antiguo Egipto y de Babilonia. Lugares que bebieron de la fuente de la leyenda y mitología y donde muchos reclaman obtener de la "sabiduría" de la Atlántida hoy. —dijo Calvi.

—Háblenos un poco más de las sociedades secretas y la masonería. —le pidió Betterson.

—La masonería ha sido la herramienta de manipulación social de las altas esferas por parte de los jesuitas vinculados a la adoración de ídolos y quienes usan la religión como un arma de control social. Tenemos pues primero a los jesuitas siguiendo el plan antiguo de control mundial. Para obtenerlo, usarían la fachada de cristianismo, pero sus objetivos serían el mero control del poder y las riquezas. Los jesuitas utilizarían diferentes armas. Primero, la religión como manera imponerse sobre millares de gente y atraerlos por medio de la piedad. Una compleja fachada que les serviría para encubrir sus viles propósitos. El control y manipulación de las sociedades secretas como forma de imponerse sobre los gobernantes y hacerlos someter al poder centralizado de una agenda mundial. La masonería estaría encargada de hacer resurgir el paganismo, crear organizaciones violentas, destruir el cristianismo conservador, crear organizaciones de extrema derecha, terrorismo, racismo y partidos fascistas. Siendo que la meta jesuita al utilizar a la masonería es a nivel mundial debe verse su influencia en todas las plataformas de la sociedad, incluyendo el entretenimiento. Ellos buscarían no solo controlar a los hombres sino moldearlos a su manera. Es por esto que aun en los medios de comunicación como el cine y la televisión se podrán ver frases y símbolos que tienen como objetivo lavar cerebros y adoctrinar mentes de acuerdo a sus agendas. —dijo Calvi.

—Háblenos de ese control del cual usted afirma otros desean imponer sobre todos. —dijo Canuso.

—El control que los jesuitas poderosos han estado ejerciendo sobre la sociedad utiliza como herramienta la masonería. Se trata de someter la economía del mundo atrayendo a toda persona rica en bienes materiales para adoctrinarlos y luego usarlos y dirigirlos a las metas de los jesuitas. Es por esto que la masonería ha absorbido presidentes, ministros y dictadores de diferentes naciones. Una vez atrapan a los políticos, serán adoctrinados y los usarán para someter la sociedad. Lo mismo hace en las otras plataformas de religión, economía, entretenimiento, comunicaciones, prensa y todas las otras áreas. La masonería está abierta para reclutar toda clase de gente que luego usarán en sus diferentes profesiones, incluyendo pastores de iglesias de toda clase de sectas. —dijo Calvi.

—Eso significa que al tratarse de sociedades secretas, esa característica de "secreto" nos hace vulnerables a todos como sociedad de recibir su influencia sin que muchos sepamos que se trata de ideologías masónicas que nos bombardean por diferentes medios, ¿cierto? —preguntó Canuso.

—Usted está en lo correcto. La agenda secreta de la masonería envuelve que sus miembros sean parte de sus organizaciones y que no revele a nadie sus vínculos con la masonería. Es por esto que los masones se han infiltrado de forma encubierta en iglesias, en gobiernos, en empresas productores de películas, de entretenimiento, de prensa, de radio, y están en lugares estratégicos que la gente ni lo sospecha. Siempre cumpliendo un rol de adelantar los ideales y metas masónicos que finalmente responden a los designios de los jesuitas. —dijo Calvi.

—¿Puede usted mencionar a algunos de ellos que realmente les conste que pertenecieron a la masonería? —preguntó Betterson.

—Es obvio que la república de los Estados Unidos fue fundada con el propósito de ejecutar los planes mundiales de la masonería, primero usando la fachada de democracia y obrando tras bastidores muy diferente a su verdadera cara social. Y es que parte de las características de la masonería es crearse esa fachada de filantropía y de bien social, cosa que nunca se les relacione con acciones violentas como atentados y crisis social. Como les dije antes, los presidentes de Estados Unidos desde el mismo comienzo con George Washington, estuvieron íntimamente relacionados a la masonería. Eso sería el principio de la orientación política de sus seguidores sin importar si fueran demócratas o republicanos. Benjamín Franklin y muchos otros políticos y quienes firmaron la Declaración de la Independencia eran parte de la conspiración del control masónico. Así mismo, personas muy adineradas y dueños de industrias seguían los ideales de la masonería. Eso significó que el antisemitismo no estaba reducido a Alemania, sino que dentro de Estados Unidos ya reinaba el racismo así como en muchos otros países donde los tentáculos de los oligarcas se habían extendido por medio de la masonería. En países como Suiza estaba Carl Gustav Jung, quien creó toda una serie de escritos esotéricos y de psicología que exaltaba las ideas que tuvo Hitler y de la Nueva Era. Aunque la agenda de los templarios había comenzado mucho antes del siglo XVIII, es en ese siglo que la masonería illuminati pone en acción su plan más ordenado, siendo conocido incluso por Napoleón Bonaparte en Francia, así como muchas otras personas de diferentes países. Las metas e ideales masónicos serían impulsados incluso por medio del entretenimiento. A comienzos del siglo XX Walt Disney se propuso llevar las ideas masónicas por medio de sus dibujos animados, misión que aun después de haber fallecido siguen haciendo fielmente. Los ideales masónicos y su filosofía alcanza personalidades diversas como los últimos papas católico romanos, incluso Juan Pablo II y Benedicto XVI no solo eran masones sino también adoctrinados nazis. Tenemos también a los grandes directores del FBI como J. Edgar

Hoover, políticos como los Bush, gnósticos como René Guenón, ideólogos como Albert Pike, fundadores del Ku Flux Klan como Nathan Bedford Forrest, dictadores como Adolfo Hitler quien estuvo vinculado a la Sociedad Thule, y así toda una serie de personalidades que siendo de influencia en diferentes facetas sociales han servido para propulsar las metas masónicas sobre la gente. —dijo Calvi.

—Entonces estas sociedades masónicas realmente poseen diversidad de fachadas. —comentó Canuso.

—No sólo eso, sino que poseen diversidad de nombres diferentes y en algunos grupos secretos los ritos varían pero los fines y metas son similares. —dijo Calvi.

—¿Condena el Vaticano a las sociedades secretas? —preguntó Canuso.

—En tiempos pasados era condenable, no por eso dejaban de existir los clérigos masones, pero hoy son muchos los que están sumergidos y controlados por esas sociedades oscuras. Esto es lo terrible, que se trata de acciones secretas y ocultas. La mayoría de la gente ignora los vínculos del clero con las sociedades secretas, de éstas con los instrumentos de control mundial como la Organización de las Naciones Unidas, el Concilio de Relaciones Exteriores, la Comisión Trilateral, y mecanismos semejantes. Puede que la mayoría de la gente piense que todos esos organismos tienen el mejor de los objetivos de bienestar social y traten de desvincularlos con la oscuridad que emana de las sociedades tenebrosas, sin embargo, siguen existiendo esas relaciones. Un ejemplo de esto es como los libros y materiales de la ONU son impresos y publicados por la *Lucis Press*. Esto muestra que persiguen filosofías afines. —dijo Calvi.

—¿Qué es la *Lucis Press*? —preguntó Betterson.

—La *Lucis Press* es la casa publicadora que imprime y publica para la ONU. En un principio llamada *"Lucifer Trust"* por Alice Bailey. No solo eso, es también la publicadora de Elena Blavatzky, de la teosofía. Como pueden ver, todo está conectado. —dijo Calvi.

—Todo esto es tan contradictorio. Es decir, la fachada con la que se presentan todos, políticos, religiosos, los filántropos y demás, todo pareciera ser meras técnicas y propagandas de control social. —dijo Betterson.

—Es lamentable que mucha propaganda de hoy sea puro engaño e hipocresía. Tenemos en los medios la propaganda que se le vende a la gente sobre el calentamiento global. Son muchos los políticos y las organizaciones que afirman "crear conciencia" sobre un problema que nos afecta a todos. Pero, ¿Por qué los políticos no han permitido el desarrollo de otras fuentes de energías no contaminantes que no sean el petróleo y la gasolina? Por el simple hecho que el petróleo les sirve para enriquecerse y mantiene a la gente atada como esclavos al viejo sistema que ellos controlan. Sin embargo, también ganan dinero con su hipócrita propaganda "a favor del planeta tierra". Todo una burda mentira. —dijo Calvi.

–Según usted lo presenta, éste es el siglo de la hipocresía, la mentira y el engaño social así como la desinformación. —dijo Canuso.

—Nos demos cuenta o no, de lo que acontece a nuestro alrededor es una rabiosa guerra que nos afecta a todos por igual. Las sociedades secretas están preparando al mundo para la unificación religiosa. Se trata de un sistema ecuménico que tiene como meta atraer a todas las creencias y hacerles creer que sirven todos a un fin en común. Esto va de la mano de un sistema de economía mundial, un sistema político centralizado, un ejército, y un gobernador mundial. —dijo Calvi.

—Pero, ¿no es una buena iniciativa? —preguntó Betterson.

—¿Piensa usted que es una iniciativa buena aquella que poseía Hitler? ¿puede surgir una iniciativa positiva de aquellos que poseen ritos donde se sacrifican humanos? —afirmó Calvi.

—No, claro que no. —respondió Betterson.

—Pues es la misma ideología de Hitler. —aseguró Calvi.

Betterson y Canuso guardaron silencio por un momento. Aquella información les alarmaba en gran manera pues el señor Calvi conocía y les hacia ver que el mundo se encontraba siendo conducido a una gran catástrofe.

"La superstición es la religión de los espíritus débiles."

–Edmund Burke

Capítulo 11
Demonios y obeliscos

—Señor Calvi, según sus argumentos el Vaticano ha sido infiltrado por sociedades secretas quienes en realidad lo controlan y por ende, son millones de personas que reciben esa influencia religiosa la cual es muy diferente a la imagen social con la cual se presentan ante el mundo. Según usted, está la masonería rigiendo detrás del trono religioso. —indagó Betterson.

—Miren, no sólo del Vaticano, sino también de la mayor parte de los gobiernos de la tierra. La superstición pagana ha sido transmitidla por varios milenios y permanecen sus secretos hoy dentro de la masonería y sociedades similares. Todas estas sociedades poseen una orden centralizada, la cual proviene primero de los jesuitas y luego de los Illuminatis de Weishaupt. —dijo Calvi.

—Los illuminatis son aquellos que veneran las pirámides y los obeliscos, ¿cierto? —afirmó la señorita Canuso.

—Se trata de un grupo de personas con una agenda militar y tenebrosa, ellos usan métodos similares a los de los jesuitas. Su culto es hacia Bafomet, y su agenda es el control total de la sociedad. Existen ciertas señales del poder masónico en el mundo. Se pueden ver sus tentáculos de forma visible en nuestra propia cara. —dijo Calvi.

—¿A qué se refiere? —inquirió Canuso.

—Me refiero a los obeliscos. —contestó Calvi.

—¿Qué significado tienen esos monumentos según sus ideas? —preguntó Betterson.

—Los obeliscos son una evidencia del control social que poseen estas sociedades secretas milenarias. Claramente nos indican que las ideas egipcias siguen vigentes en la sociedad. Y como les comenté antes, las ideas egipcias vienen en relación con la antigua Babilonia y también con la leyenda de la Atlántida. Dentro de su cuerpo de creencias el poder de los ídolos reside en el interior del obelisco. —dijo Calvi.

—O sea, que según sus ideas, las sociedades masónicas ven esos monumentos como algo más que un emblema decorativo. —comentó Betterson.

—La masonería no ve los objetos y símbolos como cosas para decoración. Se trata de un cuerpo de creencias en los cuales esos monumentos poseen poder místico. De esos monolitos, el más antiguo que se tenga registro lo es de la época de los faraones en 2500 antes de Cristo. ¿Dónde se encuentran ubicados? Estos se encuentran ubicados en diferentes partes del mundo. Roma y el Vaticano han colocado varios de ellos en lugares estratégicos según sus creencias. También los encontramos en Washington justo al lado de la Casa Blanca. Lo podemos ver en Buenos Aires en Argentina. Recuerden fue Argentina la primera ciudad que sirvió de refugio para los jerarcas nazis luego de la Segunda Guerra mundial. Los tenemos en México, lugares que son identificados como aquellos que han sido influenciados o beneficiosos para los fascistas. Se encuentran en París como evidencia que la política que se persigue es afín con los ideales masónicos. Los tenemos en España en su monumento a los Héroes del Dos de Mayo. Es increíble como la masonería usa la fachada de piedad para encubrir la historia. Esta señal de los obeliscos sigue presente en: La Coruña, Kayak, Londres, New York, Etiopía, Uruguay, Estambul, Heliópolis, Brasil y Estados Unidos. Los obeliscos nos hablan de magia, de pactos, de una conspiración social que envuelve todas las plataformas. —explicó Calvi.

—¿Pueden tener diferentes significados? —preguntó Canuso.

—En un principio, se trataba del culto antiguo a Isis, Horus, Semiramis, y deidades paganas, hoy se continua ese culto a las antiguas deidades y demonios pero se le añade a las acciones sociales que se llevan a cabo para lograr una plataforma mundial que procuran conlleve a todos a un dominio mundial de esas ideas. Es decir, veras los obeliscos en lugares religiosos, en lugares de conmemoración de guerras y revoluciones. Detrás de todo esto lo que se oculta es la adoración al sol, Baal, Nimrod y se persigue la agenda de un gobierno mundial. Gran parte de los acontecimientos importantes de diferentes sociedades son el producto o los efectos de la planificación de antemano de los grupos de control. Esto sin importar si son revoluciones, atentados terroristas, golpes de estado, decisiones electorales y demás. —dijo Calvi.

—¿Qué de las afirmaciones de algunos que relacionan los obeliscos con el órgano reproductor masculino? —indagó Betterson.

—Dentro de las sociedades secretas el obelisco cobra diferentes significados. Es símbolo de vida, de poder, de pactos, del sol y hay quienes piensan que emana poder de esos monumentos. Para otros existe una conexión entre los obeliscos y el culto a la diosa madre, llámese Semiramis, Astarté, Cibeles, Diana y algunos la relacionan a la virgen católica. Los primeros ídolos del culto se relacionan a la herencia pagana babilónica. —dijo Calvi.

—Predomina entonces la superstición y la idolatría en dicha agenda si es así como usted lo explica. —dijo Canuso.

—Existe mucha superstición pero a la misma vez mucha filosofía ocultista que desemboca en hechicería y brujería. Hombres buscando dominar las fuerzas de la naturaleza por medio de ritos antiguos. Estas creencias prohibidas son seguidas en la actualidad al pie de la letra. Es por esto que muchos de los obeliscos son trasladados intactos desde Egipto y conducidos a Roma. —dijo Calvi.

—Entonces, ¿entre el sincretismo del Vaticano se le rinde pleitesía al dios sol? —indagó Betterson.

—Eso es correcto. Hoy se continúan realizando los mismos ritos y ceremonias que una vez pertenecieron a las civilizaciones antiguas, con la diferencia que los nombres varían y cambian. Por medio del vehículo de la religión romana se está conduciendo a todos los pueblos y naciones a asimilar la agenda oculta de los conspiradores. —dijo Calvi.

—Cuando usted dice que "se está conduciendo a todos los pueblos y naciones", ¿está afirmando que el Vaticano se ha vuelto sincrético? —preguntó Betterson.

—Es algo más que sincretismo. El sincretismo lo tenía ya desde los comienzos. La gente lo ignora pero el rito que hace el papa es muy similar al rito del ídolo de Cybele y allí en la Basílica de San Pedro se le rinde culto al obelisco el cual pusieron en lo que llaman el "Óctuplo Sendero hacia la Iluminación." Las creencias del Vaticano fueron desde el principio un conglomerado de ideas paganas unidas a las cristianas. Una clase de fusión de creencias donde se traspasaban los cultos utilizando otros nombres o reemplazándolos con nombres de santos cristianos. Pero de lo que estamos hablando ahora es de ecumenismo. Ahora Roma tratará de absorber a todos los credos en uno solo. Creencia que concuerda con la teosofía de Helena Blavatsky. De esta manera, ocurre otra clase de enlace. Ahora, finalmente, la religión de Vaticano le entrega a millones de fieles y los introduce en lo que en un principio era la teosofía y no el cristianismo. Estas acciones van de la mano de la religión única y mundial que los conspiradores han planeado de antemano para lograr su control mundial. —aseguró Calvi.

"Cuando un libro de historia no contiene mentiras, resulta siempre aburrido."

—Anatole France

Capítulo 12
El arte de reescribir la historia

—Señor Calvi, de ser ciertas sus aseveraciones tendríamos que reescribir la historia para llenar esas lagunas que otros han omitido. —dijo Canuso.

—Definitivamente, así es. Para poder comprender la realidad habría que ver la historia de tal forma que todas las causas y los hechos fueran expuestos para poder entender los efectos de todas las cosas. Por lo que vemos, la historia ha sido rescrita conforme a los intereses de grupos poderosos para encubrir y justificar los hechos. —dijo Calvi.

—Esas son afirmaciones muy serias. ¿Se podría documentar de alguna manera que realmente existe esta conspiración contra la verdad? ¿Qué grupos poderosos han pretendido controlar la religión, la política, la educación y otras plataformas? —indagó Betterson.

—En 1791 ya algunos intelectuales venían denunciando públicamente sobre la terrible conspiración masónica. —dijo Calvi.

—¿A quién se refiere? —indagó Betterson.

—Me refiero a John Robison, quien fuera profesor de filosofía natural y secretario de la sociedad real de Edinburgo. Robison escribió un libro titulado: *"Pruebas de una conspiración contra todas las religiones y gobiernos de Europa, llevadas a cabo en las sociedades secreta masónicas, Illuminati, y sociedades de lecturas, obtenidas de fuentes de autoridad."* John Robison demuestra que ya desde el siglo XVIII era de conocimiento en los círculos de intelectuales que existía un complot cuya meta era imponer una agenda contra la política, religión y hasta los currículos de la educación. —dijo Calvi.

—Esto es increíble. —reaccionó Canuso dejando notar una expresión de preocupación.

—No me extraña que usted se asombre sobre esta verdad. Creo que si ustedes conocieran el alcance de esta gran conspiración pudiera causarle un terrible infarto a ambos. El mundo en el cual vivimos está siendo terriblemente manipulado de tal forma que los aparentes bandos políticos opuestos tienen acuerdos entre ellos. Todo responde a meros dramas sociales que se rinden a los intereses económicos. Mientras muchos piensan que existen los derechos humanos, son millones los que mueren a diario de forma inhumana por culpa del amor al maldito dinero por parte de los poderosos quienes justifican toda clase de guerra y genocidios por defender sus intereses. —dijo Calvi.

—¿Por qué esos genocidios no son expuestos de forma minuciosa en la prensa moderna? —indagó Canuso.

—Eso sucede porque existe una manipulación sobre la prensa de parte de los grandes intereses. Estos se encargan de escoger lo que se publica y lo que no. —dijo Calvi.

—Entonces, de lo que usted habla es de una terrible desinformación que ha estado invadiendo los medios de comunicación. —resumió Betterson.

—Es mucho más que eso. La manipulación, además de cubrir la prensa, también cubre noticieros, programas, revistas, periódicos, cadenas de radio, televisión, satélite, y ha penetrado los currículos universitarios. Se trata de una compleja maquinaria que absorbe a personas de poder y los compra de diferentes maneras. De esta forma procura hacerse invencible. Idealicen un dictador y genocida que compra toda clase de plataformas sobre la sociedad. Es decir, compra los jueces de los tribunales supremos, compra a los cuerpos de autoridad, compra la prensa y los medios de comunicación, así mismo es respaldado por políticos y religioso. ¿Qué tenemos? Tenemos un monstruo difícil de vencer, ya que mas que un individuo se trata de un sistema corrupto vendido a intereses. Es de esperarse que en tiempos modernos las redes sociales y la Internet estén también bajo el mismo control. Eso significa que mientras la gente piensa que nada sucede, la verdad es otra. Las redes sociales son monitoreadas de forma minuciosa. Dentro de esa tecnología están los infiltrados quienes fingen y fingen ser toda clase de gente. Siendo que las redes sociales se prestan para el anonimato, y pueden colocar perfiles falsos, esto les sirve para presentarse ante la gente con diversidad de títulos y montajes. Me refiero a personas que se hacen pasar como reverendos, religiosos, políticos, personalidades múltiples que usan para adelantar sus causas oscuras y para crearse una opinión pública. Todo esto es parte del control de la información y de la manera como esta oligarquía utiliza todos los recursos para orientar la mente de los pueblos. —dijo Calvi.

—Esto realmente nos invita a no creer todo lo que se nos dice por los diferentes medios sino a ir más allá y procurar descubrir las verdaderas causas y efectos de todo lo que acontece en la sociedad. —comentó Betterson.

—Señor Calvi, ¿duda usted de toda la información que se recibe de toda clase de medios? —inquirió Canuso.

—Creo que nos hacemos un favor a nosotros mismos si antes de dar crédito a lo que se nos dice por diferentes medios, investigamos y tratamos de descubrir la verdad de primera mano y no por otros. —dijo Calvi.

—¿Ha perdido usted toda confianza en el sistema? Es decir, ¿ya las plataformas que componen una sociedad son merecedoras de vuestra desconfianza en todo momento? —preguntó Betterson.

—Simplemente no crean todo lo que se les dice. Miren, lo que quiero compartir con ustedes es que investiguen. Vallan siempre más allá. Vivimos en un siglo de engaño. Un siglo donde es muy peligroso levantar generaciones. Ya que esas generaciones que se levantan se enfrentan a maquinarias que llevan siglos de establecidas y sus tentáculos son terribles. —dijo Calvi.

—¿Piensa usted que en este tiempo en que vivimos ya la vida humana carece de valor para muchos? —preguntó Canuso.

—Vivimos en el tiempo donde el poderío económico e ideológico del egoísmo va conduciendo a la sociedad a terribles matanzas, guerras, genocidios y cosas muy terribles y donde se justifica la corrupción, el terrorismo y la explotación de los pueblos de diferentes maneras, para luego ver que se trata de malditos intereses económicos y de poder de algunas personas. Eso es triste. —dijo Calvi con expresión de lamento y tristeza en sus ojos.

—Señor Calvi, tiene que haber alguna manera de identificar el origen de todos los males sociales. —dijo la señorita Canuso.

—El origen de todos los males ya lo hemos identificado, es el amor al dinero. —contestó Calvi.

—Me refiero a las personas que han estado conduciendo a la sociedad al caos por ir tras metas egoístas. Usted ha hablado de conspiradores religiosos y de sociedades secretas, pero debe haber alguna manera de identificar a aquellas fuerzas poderosas y tenebrosas que procuran imponerse sobre la sociedad de forma bestial e inescrupulosa. —comentó Canuso.

–De la bestia o monstruo del que estamos hablando es un poder que puede manipular los servicios de inteligencia del mundo, las grandes corporaciones en las diferentes naciones, puede determinar donde y como ocurrirán guerras y los resultados que espera obtener de ellas. Establece toda clase de alianzas sean políticas, económicas, religiosas, o de cualquier otra índole para conseguir sus propósitos. Traspasa los límites de las ideologías políticas y hace de las opiniones de los países meros juegos inútiles y estériles frente a las decisiones que ellos toman. La vida humana viene a ser reducida a la nada cuando se trata de defender sus intereses sobre las naciones. —explicó Calvi.

—Señor Calvi, usted ha hablado de las relaciones que han tenido los conspiradores en el uso de la religión como una clase de herramienta de control mundial. Ahora bien, ¿cómo es que realmente ocurre esa interacción entre religiosos y conspiradores? —preguntó Betterson.

—Miren, la historia es muy diferente a la versión popular en la que nos han educado. Para poder entender este asunto hay que dar un vistazo al pasado. Ya hemos comentado que los seguidores de las ideologías racistas como fue el caso del Holocausto de Hitler estuvo muy vinculado a las ideas de los nórdicos, mitología relacionada a los vikingos o bárbaros. —dijo Calvi.

—¿Qué tiene que ver los vikingos en todo esto? —preguntó Betterson.

—Quinientos años antes de que Cristóbal Colón "descubriera" a América, ya los vikingos habían encontrado la tierra y establecido un campamento en la tierra. Ahora bien, porqué razón la historia que nos llega le da más importancia a lo que hizo Cristóbal Colón que a lo que hicieron los vikingos. Eso depende de las intenciones que posee el que narra la historia y lo que nos quiere inculcar. De allí que se haga mayor énfasis en lo que hicieron los católicos versus lo que hicieron otros exploradores fueran los vikingos o los Caballeros del Temple en las costas americanas. Existe un lazo poco conocido en la historia y vida de Cristóbal Colón y fue el hecho de sus vínculos con los cartógrafos judíos que servían a la misteriosa flota de poderosos monjes guerreros llamados los Caballeros del Temple quienes poseían riquezas misteriosas. Recordemos que los templarios ya venían con la mentalidad perteneciente a las sociedades secretas. Los templarios ya venían de antemano con la agenda de usar al cristianismo como una fachada para conseguir sus planes de control del mundo. Lejos de ser defensores de reliquias cristianas o de defender a los peregrinos de lo que se trataba era de una organización que usaba la religión para imponer sus planes de control. Ellos sabían que usando el vestido de la piedad podrían acaparar riquezas de los devotos a la religión. De esta manera irían de la mano de la religión aunque sus planes fueran siniestros y opuestos a ella. Los templarios, aparecieron en el siglo XII después de Cristo, pero su ideología es heredera del conocimiento de antiguas religiones antiguas por lo que tendieron a imponer los ideales de sus ancestros usando las herramientas de la religión cristiana. Esos ideales de los ancestros se remontan al pasado en las creencias de los egipcios, babilónicos, y también alcanzan a pueblos antiguos como los vikingos quienes fueron los primeros en llegar a América. Los vikingos eran originales de Noruega, Suecia y Dinamarca y al igual que otros piratas y guerreros aterrorizaban las costas de Francia,

Alemania e Inglaterra y diferentes lugares. Las creencias religiosas de los vikingos seguirían vigentes en la mentalidad de dictadores futuros como Hitler adorador de los ídolos Odín, Thor y Heimdall. En el pasado los vikingos parecieron ceder ante la propuesta del cristianismo pero en realidad trajeron su mitología la cual se mezclaría con ideas cristianas. De este modo, luego que los vikingos se hicieron "cristianos" en el siglo X, dos siglos más tarde, en el siglo XII surgen los nuevos saqueadores, los templarios. Los templarios funcionaban muy similar a los saqueadores vikingos pero utilizando al cristianismo como una herramienta de control social. —explicó Calvi.

—¿Hubo alguna relación entre los templarios y Cristóbal Colón? —preguntó Canuso.

—Esa es precisamente la parte de la historia que no se nos dice a menudo. El hecho que Cristóbal Colón pudo ser un agente más del saqueo mundial que ya llevaban los templarios mucho tiempo antes. Ellos, poseedores de grandes riquezas sabían la manera de presentarse ante los reyes como los defensores de la religión. De esta manera, el hecho de la presencia de los vikingos en América o de los templarios mucho tiempo antes pasaba a un segundo plano ya que surgiría una nueva agenda. La agenda sería la de presentarle al mundo la figura de Cristóbal Colón y de los reyes católicos con el propósito de extender la religión de forma planeada. Sin embargo, los ideales de las sociedades secretas estarían presentes en la conquista y colonización de los pueblos que surgirían en el futuro. Dominando desde los mismos comienzos del nacimiento de los pueblos, su religión, su política y su economía. De esta manera, la conquista del Nuevo Mundo respondía a la agenda de las sociedades secretas que ya reinaban dentro de los caballeros del temple en el siglo XII y que posteriormente sería incorporada en los jesuitas en el siglo XVI. —explicó Calvi.

—¿Piensa usted que Cristóbal Colón pudo pertenecer a los templarios? —indagó Canuso.

—Las órdenes de caballería también dominaban los mares. Es innegable que los descubridores y conquistadores no vinieron a fumar la pipa de la paz. Ellos vinieron a someter los pueblos y absorber las riquezas. Se llevaron los recursos en oro y colonizaron las tierras. Todo esto de la mano de la religión y para enriquecer aun más a la oligarquía disfrazada de clérigos. —dijo Calvi.

—De modo que usted hace una conexión entre los bárbaros, las creencias antiguas de Egipto, los templarios, y el descubridor de América y Cristóbal Colón. —dijo Canuso.

—No sólo eso, faltan protagonistas en esta historia. —dijo Calvi.

—¿A quién se refiere? —preguntó Betterson.

—Los herederos de los templarios vinieron a ser los jesuitas en el siglo XVI quienes a su vez se fusionaron en la masonería moderna. De este modo tenemos el poder religioso ejerciendo gran influencia en la política internacional por medio de las logias. Pero no cualquier poder religioso, sino el poder de los jesuitas, una fuerza muy tenebrosa que usa la apariencia de la piedad para imponer sus agendas terribles. Tanto así que el propio Marqués de La Fayette - Maríe Joseph Motier declaró: *Es mi opinión en cuanto a que si las libertades de este país, los Estados Unidos de América, llegan a desaparecer, habrá sido por la sutileza de los sacerdotes Jesuitas católico romanos, ya que son los más astutos, y peligrosos enemigos de las libertades civiles y religiosas. Ellos han instigado la mayor parte de las guerras en Europa.* —cito Calvi.

—¿Por qué son considerados tan peligrosos? —indagó Betterson.

—El peligro consiste en que se trata de órdenes inescrupulosas en búsqueda del poder. Es decir, para lograr sus objetivos de control sobre la sociedad en búsqueda de riquezas, poder y control social, están dispuestos a infiltrar gobiernos, organizaciones e instituciones diversas y asesinar sin piedad a quien ellos consideren, incluso, al exterminio de pueblos completos. Todo esto usando la fachada de piedad y de bien social pero tras bastidores provocando guerras, planeando toda clase de crisis sociales que sirvan para conducir la sociedad hacia sus metas. Lo terrible de los jesuitas es que socialmente se crean una fachada y nombre de bien y de gente de educadores. Todo esto les sirve para esconder la verdadera cara de sus acciones sobre el mundo completo. —dijo Calvi.

—O sea que según usted, detrás de esas sotanas hay algo más que unos simples religiosos. —dijo Canuso.

—Detrás de esas sotanas se encuentra una milicia quienes fueron los ideólogos quienes trabajaron mano a mano con Hitler y otros dictadores. El más terrible acto de crueldad estaba justificado para los ofensores y en su mezcla de ideas de mitología y de religión sometían la mente y la voluntad de sus dictadores. Eso significa que siguen siendo bárbaros y se sienten orgullosos por serlo. Más allá de la fachada de su falso cristianismo lo que se esconde es el más puro racismo nacido en creencias antiguas de control humano. El mismo que según algunos dio origen a la antigua civilización de la antigüedad. Donde se habla de una raza blanca superior compuesta de dioses. Se trata de referencias hacia los antiguos atlantes. —dijo Calvi.

—¿De qué manera los conspiradores entran en lazos con las riquezas de la tierra? —inquirió Canuso.

—Ya lo he dicho anteriormente, el poder comercial se fue privatizando en el siglo VI, desde allí en adelante hasta el siglo XVIII donde aparece la figura protagónica de la casa Rothschild y sus técnicas de usura que lo colocaron en una ventaja significativa sobre la economía del mundo. Unida a esa ventaja significativa obtenida por la casa de los Rothschild tenemos los innegables vínculos no sólo de los Rothschild, los Morgan y los Rockefeller con los jesuitas quienes se infiltraron en sus organizaciones y usando la religión lograron someter a sus ideales paganos a la banca predominante. Demás está decir que los jesuitas están relacionados a la banca del Vaticano. Los jesuitas vieron en la religión el arma necesaria para someter reyes, banqueros, políticos, y al mundo completo. De esta manera trabajarían con el pretexto de exaltar el poder del papa sobre el mundo, en nombre del cristianismo, sin embargo, el papa que ellos pretenden entronar dista mucho de la figura cristiana sino que se trata de un jefe militar que responde a raíces ocultas, místicas y tenebrosas. Las mismas raíces que permitieron el poder terrible de los dictadores de la historia. —explicó Calvi.

—Esto es realmente un tema alarmante. —reaccionó Canuso.

—Si alarmante fue el pasado, mucho más lo será el futuro. ¿Qué sucederá en la sociedad cuando el mundo sea sometido ante aquellos quienes veneran filosofías semejantes a la Hermandad de la Serpiente? Podrá la sociedad culminar en paz y armonía cuando de antemano se ha visto el principio de dolores de las acciones de estas creencias en la sociedad. El Holocausto fue sólo una muestra de lo que nos espera en pocas décadas. Todo es cuestión de tiempo, cuando estas sociedades secretas absorban todos los poderes y le entreguen el control total a su bestia política. —aseguró Calvi.

Tanto Betterson como Canuso sintieron la inquietud de llevar el mensaje del señor Calvi de forma urgente pues el panorama social no era muy alentador y parecía que las palabras de Calvi fueran alguna clase de profecía social.

"Escóndeme del consejo secreto de los malignos, de la conspiración de los que hacen iniquidad

–Salmo 64:2

Capitulo 13
Conspiración pieza maestra

—Señor Calvi, resumiendo lo que usted ha declarado, usted afirma que existe una terrible conspiración contra todos los gobiernos, religiones, y sobre todas las plataformas de la sociedad. Usted responsabiliza a la fuerza religiosa de los jesuitas como los urdidores de esa conspiración quienes según usted obedecen ideologías antiguas originadas en misterios y leyendas procedentes de la antigüedad, específicamente de Egipto, Babilonia o la leyenda de la Atlántida y que continúan siendo seguidas al pie de la letra por medio de las sociedades secretas influenciando y dirigiendo así la política internacional. Usted afirma que esas ideologías son muy peligrosas por el hecho de que predican un racismo semejante al ejemplo histórico que vimos en la dictadura del III reich de Hitler. Usted es un banquero, creo que usted mejor que nadie puede hablar del tema de las finanzas del mundo ya que usted conoce ese mundo desde el interior. ¿Puede usted abundar un poco más sobre el tema de la privatización de las riquezas del mundo en pocas manos?

—Ya desde el siglo XVI como les he comentado antes ha existido la milicia religiosa jesuita la cual tiene como meta infiltrarse en todas las plataformas de la sociedad. Ellos saben que al usar la fachada de religión pueden penetrar y someter gobiernos, reyes y gente poderosa. Si ustedes leen el juramento que realizan aquellos que pertenecen a la *Compañía de Jesús* incluyendo a todo cura católico quienes se comprometen a realizar toda clase de acciones terribles en nombre de la religión con el propósito de derribar el cristianismo protestante y luchar por un mundo católico para exaltar la figura del papa romano. En dicho juramento ellos afirman literalmente que su propósito es destruir de forma impune a los protestantes. Afirman que harán todo lo que se les ordene para hacerle la guerra, aunque esto incluya asesinar, quemar, envenenar y toda clase de obras secretas con el propósito de exaltar al papa sobre las naciones. Así lee literalmente su juramento. —explicó Calvi.

—Usted esta hablando de una guerra religiosa. ¿De qué manera puede explicar usted como se da la interacción política, económica y religiosa que según usted compone la más terrible de las conspiraciones del mundo? —preguntó Betterson.

—Los conspiradores, es decir, ese grupo de personas quienes tienen una agenda mundial de tal forma que miran cada oportunidad para adelantar sus planes de control mundial están escondidos tras la fachada religiosa de piedad. Fue en el siglo XVIII cuando vimos la aparición en la historia de Meyer Amschel Rothschild. Éste banquero de forma astuta creó su fortuna por medio de la usura. Pero más que la usura, Rothschild se aseguró de infiltrarse en esos gobiernos que se les hacían deudores, de esta manera se encargaba de financiar a sus marionetas en caso de que alguno se tornara rebelde y no quisiera pagar. ¿Qué tenemos aquí? Tenemos un banquero astuto que repartió a sus hijos de forma astuta por Europa con una agenda muy tenebrosa. Más que avaricia, se trataba de una agenda para controlarlo todo. De esta manera y por medio del dinero apoyaba según creía conveniente a los revolucionarios de izquierda, dictaduras derechistas o democracias. —dijo Calvi.

—Usted está afirmando que toda clase de política es una mera marioneta frente al poderío económico que hace el financiamiento. —comentó Canuso.

—No sólo eso, a esto hay que sumarle los intereses detrás de todo esto de los jesuitas vinculados a la influencia Rothschild. Tenemos aquí pues la unión de fuerzas de la religión y las finanzas sacando provecho de las políticas mundiales y dirigiendo la sociedad como una marioneta. Los Rothschild supieron imponerse en la economía alemana, inglesa y francesa. Posteriormente esta maquinaria se convertiría en una bestia terrible y muy monstruosa cuando otros banqueros y adinerados muy poderosos como los Morgan, Loeb, Rockefeller, Schiff y los Warburg establecieran uniones de matrimonio entre si. Estas uniones matrimoniales constituyeron las riquezas del mundo en manos privadas. Esto, señores es la reafirmación de la oligarquía. —explicó Calvi.

—Entonces, aún con tanto adelanto moderno, realmente hemos retrocedido políticamente. —comentó Canuso.

—Los oligarcas se han burlado de la sociedad moderna. Nos han estado sometiendo a una dictadura y ni siquiera lo notamos. Estamos tan ocupados en nuestros asuntos que no podemos ver más allá. En realidad se trata también de un plan de control por medio de toda clase de entretenimiento. Toda clase de espectáculos en los que puedan mantener la mente de la gente ocupada son mentes que no pensarán de forma alguna en luchar contra el poder de la bestia política y social. La mayoría de la gente tildará el tema de poca importancia por el hecho que se encuentran complacidos en la comodidad moderna. —dijo Calvi.

—Entonces, el entretenimiento puede resultar un arma mortal en las manos de los conspiradores oligarcas. —reaccionó Canuso mostrando una expresión pensativa.

—Mientras la mayoría de la gente piensa que el mundo va hacia alguna clase de utopía, las ideologías políticas dictatoriales siguen avanzando y arropándolo todo. Los oligarcas y conspiradores siguen ideologías en las que se consideran ser los trece linajes ancestrales, y reclaman su herencia en la antigüedad, específicamente en Egipto y la Atlántida. Los oligarcas han ido aumentando su poder y su influencia de tal forma que pretenden imponer su dictadura en muy poco tiempo. El propósito de la dictadura que desean establecer lo es asegurar el dominio de los ricos y ponerle fin a la amenaza de los pobres de una vez y por todas. —afirmó Calvi.

—¿Fueron o son solamente una influencia europea? —inquirió Betterson.

—No, lamentablemente no. Los conspiradores también crearon y se adueñaron el Banco Central de los Estados Unidos de América. Si usted analiza bien la historia de la fundación de los Estados Unidos de América se dará cuenta que la masonería ha sido quien idealizó y planeó esa república haciéndola la primera república masónica del mundo. Desde antes de la Declaración de Independencia Americana en 1776, ya existía un plan masónico operando para llevar el mando por medio de sociedades secretas. Es por esto que los emblemas masónicos aparecen por todos lados. Sería pues, Estados Unidos una nación muy poderosa la cual sería utilizada como fuerza de choque para obtener las metas de los conspiradores. —contestó Calvi.

—¿Está usted afirmando que tras la fachada de democracia que se vive en Estados Unidos de América existe un plan fascista que responde a los intereses de aquellos que desde un principio han sido los poseedores de las riquezas del mundo y los creadores de la república por medio de sus vínculos en sociedades secretas? —inquirió Canuso.

—No lo pudo usted resumir mejor, esa es la realidad. —contestó Calvi— Sin embargo, no se trata de atacar a una nación, sino que es la misma terrible realidad de muchos otros países o naciones que se encuentran bajo el dominio de los conspiradores. La misma realidad del control de los conspiradores se refleja en Estados Unidos, Francia, Inglaterra, Alemania, Argentina, México y así todos los países donde los conspiradores han extendido sus tentáculos por medio de la masonería y sus servicios secretos. —dijo Calvi.

—Eso significa que si ellos pueden crear una nación, también pueden controlar todos los elementos en el interior. —comentó Canuso.

—No es nada exagerado su argumento. Los conspiradores que componen la gran banca y finanzas del mundo saben como controlar políticos, prensa y todos aquellos elementos que puedan utilizar para beneficiarse económicamente. Es por esto que financian todos los bandos de las guerras. —dijo Calvi.

—Cuando usted afirma que ellos financian todos bandos de la guerra. ¿Está usted diciendo que los grandes banqueros o la elite poderosa han sido los responsables del armamento de dictadores como lo fue Hitler? —preguntó Betterson.

—Definitivamente. Ya hemos hablado de las uniones que hicieron estos poderosos banqueros por medio de matrimonios. Si usted investiga se dará cuenta que siempre existirá algún vínculo con alguna de esas familias quienes dieron un respaldo económico hacia Hitler y sus dementes jerarcas. —dijo Calvi.

—Esto es muy terrible. —dijo Canuso.

—Eso es sólo una mínima parte de los vínculos de esas familias con los tentáculos de los conspiradores. —dijo Calvi.

—¿A qué se refiere? —indagó Betterson.

—Si ustedes supieran que tras las revoluciones importantes que han cambiado la historia ha existido siempre la misma mano negra de los conspiradores siendo urdidora de todo. —contestó Calvi.

—¿Cómo puede ser posible esto? —reaccionó Canuso.

—Por medio el dinero nuevamente los conspiradores estrecharon lazos con dictadores como Lenin y otros revolucionarios haciendo posible la revolución bolchevique. Si usted investiga se dará cuenta que la mano británica y americana estaba detrás de todo esto. —aseveró Calvi.

—Esto ya se está saliendo de proporciones. De la gente que usted habla, ellos saltan de apoyar democracias a dictaduras donde han muerto millones de personas. —dijo la señorita Canuso.

—Así es. Los conspiradores traspasan los límites de lo moral para usar todos los aparatos que existen en el terreno de juego y sacar provecho económico y adelantar sus causas. No olviden el hecho que mencionamos en un principio. Detrás de todo esto existe un plan religioso que envuelve a los jesuitas y sus vínculos con los banqueros. Toda movilidad social se da con el propósito de crear un nuevo orden secular donde se busca colocar a un líder religioso a la cabeza del mundo, un líder político y un gobierno centralizado. —comentó Calvi.

—¿Y qué de los millones que mueren y cuyas familias son destruidas o separadas a causa de la guerra? ¿Esos no importan? —inquirió Canuso.

—La realidad es una salvaje e injusta, y todo esto ellos, los conspiradores, lo justifican por sus intereses los cuales consideran "más importantes." No piensen que los conspiradores simplemente financiaron y aun lo hacen con las revoluciones. Ellos también financiaron, apoyaron y sostuvieron dictadores como Stalin y Lenin. Se trata siempre de tener el control sobre todo y no de hacer lo moral o inmoral. Por el amor al dinero, lo moral es descartada cuando sus intereses se ven comprometidos. —dijo Calvi.

—Señor Calvi, ¿eso significa que mientras la realidad social en dictaduras como las de Rusia era de enfrentamientos de campesinos versus los soldados zaristas, importaba más el dinero de los ricos que la vida de los campesinos? —preguntó Canuso.

—Mientras la sociedad se consume en enfrentamientos diversos, tras bastidores se encuentran los que ayudan y brindan alternativas económicas para que esas terribles dictaduras se desarrollen y crezcan. Esos que brindan el apoyo son los mismos que en un principio han acaparado las riquezas del mundo y son una elite predominante sobre la tierra. —dijo Calvi.

—¿De qué manera hacen esto? —preguntó Betterson.

—Primero, utilizando el secreto. Segundo, estableciendo bancos que puedan servirles el dinero. Tercero, construyendo industrias en sus países que les brinde la oportunidad de levantarse económicamente. Cuarto, invirtiendo millones de dólares en los negocios de las dictaduras que controlan. Quinto, usando los organismos internacionales que poseen para traspasarle dinero de una forma u otra. Sexto, haciendo toda clase de alianzas económicas. Séptimo, utilizando desde un principio la estrategia de las logias masónicas establecidas internacionalmente. Octavo, usando toda clase de fachadas que les permitieran realizar todos sus objetivos. Noveno, financiando a los filósofos y teóricos políticos quienes expondrían las ideologías sobre las masas e forma intelectual. —dijo Calvi.

—¿Quiere decir usted que personas como Karl Marx son marionetas del sistema? —indagó Betterson.

—Karl Marx al igual que otros estuvieron muy ligados a las sociedades secretas. Estos vínculos les proveían herramientas para poder establecer e impulsar sus ideologías. No se trataba de ideologías aisladas sino de aquellas que luego serían usadas para enfrentamientos planeados de antemano para conseguir unas metas. —dijo Calvi.

—Bueno, eso quiere decir que si seguimos la línea de pensamiento que usted ha expuesto. Existe una conexión entre sociedades secretas y la voluntad de los jesuitas, es decir, del interés del Vaticano en todo esto. —comentó Canuso.

—Eso es correcto, como les dije, se trata de un terrible monstruo que se compone de la fuerza religiosa unida a la banca dominando la política para dirigir al mundo hacia una emboscada. —dijo Calvi.

—¿Cuál es según sus ideas esa emboscada? —preguntó Betterson.

—La implantación de un nuevo orden secular de forma mundial. —respondió Calvi.

—Eso que usted menciona del "nuevo orden mundial" me recuerda a las intenciones que una vez tuvo Hitler. Él siempre hablaba de querer establecer un nuevo orden. —dijo Canuso.

—Pues, precisamente de eso es que se trata. Las metas de Hitler, eran las metas ideológicas de la elite de conspiradores. Lo que sucedió con Hitler fue que quiso adelantarse a los planes.

Pero en esencia es la misma ideología. —dijo Calvi.

—Si eso es así, entonces el futuro que le espera a la tierra no es muy optimista que digamos. —comentó Betterson.

—Definitivamente que el futuro que se avecina es el tiempo más terrible que se pueda esperar. Recuerden, lo que sucedió en Alemania durante el III reich no fue una mera idea de un dictador. Se trató de una ideología que iba más allá de un simple vagabundo que de pronto se convierte en el *führer* de una nación. —dijo Calvi.

—Según puedo ver, de todas sus afirmaciones. El futuro se perfila de manera incierta. Tal parece que cualquier cosa puede suceder. —comentó Betterson.

—Mucha gente piensa que con la desaparición de los asesinos dictadores y sus jerarcas ya la sociedad está libre de todo peligro. Pero ignoran el verdadero origen de las crisis en la sociedad. —dijo Calvi.

—¿Está usted advirtiéndonos que el mundo se conduce hacia un régimen fascista mundial? —indagó Canuso.

—Señores, más allá del plan real que poseían los nazis mucho antes de la Segunda Guerra mundial de unificar toda Europa y el mundo bajo su dictadura, existía y aún permanece hoy la intención de los fascistas de imponerse sobre el mundo de esta misma manera. Luego de la Segunda Guerra mundial, la red ODESSA protegió y dio refugio a miles de asesinos nazis los dispersó en diferentes países junto con todos sus bienes y posesiones. Estos fueron colocados en diferentes gobiernos preparando el escenario para una nueva amenaza mundial. —comentó Calvi.

—¿Acaso el fascismo nazi es del agrado de algunos hoy? Creo que la gente ya aprendió a no repetir los errores del pasado. —respondió Canuso.

—De la misma manera que a nadie le gusta ninguna clase de crisis social y todos somos participantes de ellas ya que son impuestas de forma muy injustas, de la misma manera los conspiradores crearán su dictadura mundial en contra de la opinión pública de muchos. —aseveró Calvi.

—¿No cree usted que es una afirmación exagerada que los conspiradores puedan controlar al mundo completo y someterlo a una dictadura? Es decir, existe diversidad de naciones que no lo tolerarán y se levantarán contra el sistema. —afirmó Canuso.

—Allí es donde entrará a funcionar la tecnología moderna. Lo que impidió que Hitler lograra sus objetivos en el pasado fue que se adelantó a los planes. Sin embargo, hoy existe la tecnología que está siendo vendida y promocionada a la gente como algo confiable. La tecnología se puede convertir en un arma mortal si se usa de forma indebida. Tenemos pues el triste escenario de la coexistencia entre las viejas ideologías racistas y perversas y adelantos científicos que pueden hacer posible un control desmedido sobre la gente. —dijo Calvi.

—¿A qué se refiere? —indagó la señorita Canuso.

—Me refiero a la tecnología que los conspiradores han estado financiando y que tiene un objetivo militar. Se trata de los implantes de artefactos de vigilancia y monitoreo que se colocan dentro de los humanos. Existe un plan de control mundial que envuelve el sellar a toda la raza humana por medio de los llamados *"microchips"*. Ésa tecnología les permitirá a los gobiernos el control total sobre los individuos. Qué consumen, dónde se encuentran, cuáles son sus hábitos, qué recursos poseen, en fin, poder someter a los humanos como a esclavos. Estas nuevas tecnologías son mucho más abarcadoras. Los *microchips* o marcas de implante debajo de la piel son sólo un eslabón en una larga cadena de nuevos elementos e inventos tecnológicos que se pueden convertir en armas espantosas de control y monitoreo social. —dijo Calvi.

—De eso ser cierto, entonces todos corremos peligro hoy. —comentó Canuso.

—Lamentablemente así es. Corremos peligro por el hecho que la tecnología también es propiedad de los gobiernos que son dominados por esas ideologías oscuras de las que les he hablado. Olvídense de las fachadas de piedad de los gobernantes. Todos aquellos que se han inmerso en el mundo de las sociedades secretas han sido adoctrinados para realizar diversidad de labores y pasar como gente "honorable". Es por esto que en las logias se exalta a la gente con títulos de "respetable", "honorable", y títulos semejantes, luego son los mismos quienes están vinculados a actos terroristas como ya han visto con el ejemplo de la logia *Propaganda 2*. Lo mismo se puede esperar de presidentes de naciones quienes aparecen sonriendo en la prensa haciendo relaciones públicas de amistad con todos usando sus sonrisas y su carisma personal. Una es la fachada y tras bastidores se rinden a las órdenes de la milicia que los controla la cual no posee escrúpulo alguno. —dijo Calvi.

—Si hay algo que se puede aprender de todas sus aseveraciones sería «nunca confíes en nadie». —dijo Canuso.

—Muy cierta sus palabras. Lamentablemente existe mucha hipocresía en los sistemas que gobiernan las naciones. Tenemos a la alta alcurnia que preside la bolsa de valores en Estados Unidos haciendo alianzas con fuerzas armadas revolucionarias de países de Suramérica para que inviertan su dinero sucio en la bolsa capitalista. Lo terrible de todo esto es que es dinero obtenido por medio de venta de drogas, secuestros, destrucción de familias y toda clase de violencias. —dijo Calvi.

—Eso si que es preocupante, el que se le reste importancia a la procedencia del dinero y se le abra las puertas en los mercados de inversiones internacionales. Lo que están haciendo es justificando y legalizando los negocios terribles de la droga. —dijo Canuso.

—Lo terrible del asunto es que no se trata de un mero nombre como el de Wall Street o los otros lugares del mercado mundial, de lo que estamos hablando es de los mismos oligarcas que ya hemos mencionado anteriormente. Ese es el verdadero poder controlador. —dijo Calvi.

—A todo esto, ¿cómo es que los oligarcas se protegen de las leyes? —inquirió Betterson.

—Muy fácil, siendo los controladores y dueños del sistema. Ellos han creado y controlado toda clase de instituciones de poder social en el mundo. Son los que están a la cabeza. —dijo Calvi.

—¿Puede nombrarlos? —preguntó Betterson.

—Como dijimos al comienzo, los jesuitas se encumbraron utilizando el nombre de la religión pero con propósitos oscuros de la misma manera que los caballeros del Temple. Luego los llamados *Illuminatis* quienes están vinculados al Consejo de los trece de Baviera, el Consejo de los 33 masones del rito escocés, luego aquellos que reclaman ser las 13 líneas de sangre real, le sigue el Comité de los trescientos, la B'nai B'rith y el Gran Oriente. —explicó Calvi.

—Cuando se habla de los masones de grado 33, ¿a qué se refieren? —preguntó Canuso.

—La masonería bebe de fuentes filosóficas antiguas paganas procedentes de Babilonia y Egipto y diseminadas por todo el mundo. Según las leyendas, eran 33 los escalones de la sabiduría para alcanzar la plenitud. Los 33 grados masónicos son una metáfora dentro de los pilares de su cosmovisión y los altos grados representan a aquellos que más se han moldeado a su filosofía. Son muchos los que aseguran que la fuente de su conocimiento es el paganismo, el satanismo. Hoy, se han hecho descubrimientos arqueológicos de pirámides que contienen 33 escalones. Todo esto nos habla de una religión antigua y los seguidores que poseen gran influencia social.

—¿Hacia dónde van dirigidas esas influencias? —indagó Canuso.

—Éstos se encargan de controlar y administrar los recursos de la Reserva Federal de Estados Unidos, el Banco Central Europeo, el Fondo Monetario Internacional, el Banco Mundial, la Organización Mundial del Comercio, el Banco Nacional Central, las corporaciones multinacionales como: Exxon, Disney, Shell, Bayer, Hollywood, entre otras. Y las fundaciones Rockefeller, Nobel entre algunas otras. Obviamente son los que dirigen la masonería libre del Rito Escocés y York., *Skull and Bones*, Gran Oriente, Gran Alpes, Templarios, Rosacruces, P2, Caballeros de Malta y los Caballeros de Colón. Existen grupos con nombres diversos tales como: La Guardia de Hierro ó Legión de San Miguel Arcángel, Nueva Acrópolis, la Hermandad de Babilonia o de la Serpiente, Aurora Dorada, Teosofía, Club del Fuego Infernal, Orden del Templo de Oriente, Estrella Plateada, WICA, Asatru, la Antigua Orden de Druidas, Aleister Crowley y sus derivados de la Cienciología, Gnosis y la iglesia de Satán. Existen también los grupos que promueven el feminismo como: La Orden de la Estrella de Oriente, El Derecho Humano, la Orden Demoláis y la Orden del Arcoiris. —dijo Calvi.

—Entonces, ¿siempre se trata de Órdenes? —preguntó Canuso.

—No, no se confundan. Las que he mencionado se refiere a las que abiertamente reconocen que son de la influencia masónica. Sin embargo hay otros grupos creados por masones que no poseen una fachada como tal. —dijo Calvi.

—¿A cuáles se refiere usted? —preguntó Betterson.

—Hay algunas sectas que han sido creadas por la masonería y estas son: los Testigos de Jehová de los Rusell, los mormones de Smith, los Adventistas de White. También parte de la agenda masónica es crear un ecumenismo mundial para lo cual trabaja su líder llamado el Rev. Moon y su iglesia de la unificación. Por otro lado tenemos al Islam y su "profeta" Mahoma, una creación del Vaticano para poder enfrentar a los judíos utilizando a los árabes. Y así, toda una serie de diversas sectas y religiones que son herramientas de la masonería y de los oligarcas para cumplir un propósito de conducir al mundo hacia sus intereses. —explicó Calvi.

—¿Dónde quedan los grupos de inteligencia que usted ha mencionado anteriormente? —inquirió Betterson.

—Por supuesto que ésta cadena no está aún completa. La cadena de influencias y de control se sigue extendiendo hacia los grupos educativos como la UNESCO, grupos de paz, Greenpeace, Unión Mundial y la publicadora Lucis Trust. Ahora bien, dentro de los grupos de inteligencia, ellos pueden manipular muy bien a la CIA, FBI, NSA, KGB, MOSSAD, BND, DGSE, M15-6, el partido comunista, los carteles de drogas, la mafia organizada, FEMA y el Servicio Secreto de Pakistán. Por otro lado, en el lado religioso, los conspiradores se encargan de imponerse ante el Consejo Mundial de iglesias, el Consejo Nacional de iglesias, el

Parlamento Mundial religioso, el movimiento de la Nueva Era, la Iglesia Unida, el alto clero del Vaticano, el Opus Dei, la iglesia católica romana, el Al-Quaeda, la nación del Islam y el Hamas y Hesbollah. Para controlar la política internacional, los conspiradores han creado toda una serie de organismos ante los cuales los gobiernos tienen que someterse, estos son: Líderes de Gobiernos nacionales, la ONU, Bilderberg, la Comisión Trilateral, el Consejo de Relaciones Exteriores, el Club de Roma, la Unión Europea, la OTAN, la Mesa Redonda, y los familiares reales europeos. —explicó Calvi.

—A ésta cadena de influencias sí que se le puede llamar una conspiración pieza maestra. —reaccionó Canuso.

Viendo el panorama presentado por el señor Calvi, cada una de esas piezas de aquel gran rompecabezas parecía anunciar que algo muy grande y terrible pudiera tener lugar en el mundo. Calvi presentaba argumentos sobre una bestia que estaba erigida, organizada y operando en todo su poder mientras los seres humanos simplemente le seguían el juego a dicha maquinaria mundial.

"*El único vicio que no puede perdonarse es la hipocresía. El arrepentimiento del hipócrita es de por sí una hipocresía.*"

—*William Hazlitt*

Capítulo 14
Los hipócritas

—Señor Calvi, es evidente, según la información que usted brinda, que estamos frente a un sistema que se caracteriza por la hipocresía. Por un lado posee una fachada de bienestar, de derechos humanos, de paz mundial, de justicia y de igualdad, en cambio, por otro lado traspasa los límites de lo legal y cae en acciones vergonzosas, criminales y perversas. Se puede llamar una dictadura disimulada. —comentó Betterson.

—Eso es muy correcto, lo vergonzoso de todo esto es que no se trata de un mero individuo sino de toda una maquinaria y alianza de intereses. No es ningún secreto el hecho que infinidad de personajes vinculados a la CIA la cual responde a la oligarquía americana, estuvieran vinculados a operaciones oscuras ligadas a las Fuerzas Armadas revolucionarias de Colombia – FARC. De la misma manera, han existido extrañas relaciones amistosas entre revolucionarios como Hugo Chávez en Venezuela y el Fondo Monetario Internacional. Y así un sinnúmero de relaciones amistosas tras bastidores que crean toda clase de dudas en torno a lo que se le dice a las masas y a la fachada que se crea de enemistad. —comentó Calvi.

—¿Considera usted que ya no se puede creer en política alguna? —preguntó Canuso.

—El deterioro social es tal que hasta muchos líderes religiosos protestantes se han aliado a estos bandos de corrupción. —dijo Calvi.

—¿De qué manera? —indagó Canuso.

—No piensen que la corrupción religiosa se resume meramente en los lazos de los conspiradores jesuitas unidos a la gran banca internacional. Dentro de muchas iglesias poderosas de los Estados Unidos se han infiltrado personajes quienes se han rendido a las agendas de los conspiradores. Los mismos políticos quienes son marionetas de la oligarquía y otros quienes son agentes declarados de ese sistema han sido avalados por diversidad de religiosos vendidos a los altos intereses económicos. Es muy lamentable que aquellos quienes profesan la piedad no sepan separar lo de César y lo de Dios. Es notorio como en nombre de Dios se hacen recolectas de dinero que van a parar a los bolsillos de políticos. Algunos usan sus podios y su influencia para comprar el voto de millones de protestantes. Muchos en su falsa religiosidad ignoran que muchos de sus predicadores realmente son masones encubiertos hábiles en la oratoria cuyo único propósito es ganarse el afecto de las iglesias y congregaciones para luego manipular sus votos a favor de los candidatos que luego impulsaran las plataformas de la oligarquía. —dijo Calvi.

—¿Así de descabellado es este asunto? —inquirió Betterson.

—La hipocresía y la falsa fachada hace que los gobernantes marionetas de la oligarquía se congreguen ante millares de religiosos, oren junto a ellos, les hagan creer que son parte del grupo, incluso derramen algunas lágrimas que luego serán la portada de revistas y libros de editoriales dedicados a hacerle campaña política y vendérselos al pueblo como gente con conciencia y de bien común. De esta manera lograrán abrirse paso para luego comenzar sus guerras contra naciones y defender los intereses de los ricos. —dijo Calvi.

—Entonces, la religión es un aspecto muy bien planeado por los conspiradores. —dijo Canuso.

—Claro que sí, la religión fue el comienzo de todo. Tanto en la antigüedad como en el presente. Fue la religión uno de los poderes usados para el sometimiento de los pueblos. La religión es buena siempre y cuando se practique con sinceridad. En cambio, si los que dirigen la religión son lobos rapaces es una amenaza de control social terrible y es lo que han estado haciendo los conspiradores en este tiempo y en el pasado. Ya les comenté que parte de la agenda de los oligarcas lo es todo lo que tenga que ver con "consejos mundiales de iglesias" y es que ellos usarán a sus satélites ubicados de forma estratégica para tratar de mover las ovejas todas juntas hacia el matadero. El matadero no es otra cosa que la aceptación de sus políticas dictatoriales como cosa normal y común. —dijo Calvi.

—Qué barbaridad. —comentó Betterson.

—Señor Calvi, entonces los oligarcas poseen personajes preparados de antemano quienes procurarán conducir a todos los religiosos hacia sus metas. ¿Puede mencionar a alguno? —preguntó Betterson.

—Por supuesto, ya les mencioné anteriormente al reverendo Moon, líder de la iglesia de la unificación. El señor Moon controla parte de la prensa norteamericana y está muy ligado a la agenda de políticos americanos y de otras naciones. Personajes como el señor Moon hacen grandes aportaciones de dinero a diferentes "ministerios" cristianos a los cuales luego usará para sus propagandas. —dijo Calvi.

—Es muy triste que los evangélicos y religiosos no puedan darse cuenta de esta conspiración. De cómo usan la misma Biblia para orientarla hacia fines terrenales lejos de lo que verdaderamente importa. —dijo Betterson.

—Eso es muy cierto. Miren, no soy antirreligioso. Lo que me preocupa es que dentro de la maquinaria de los oligarcas existen las claras infiltraciones de personas falsas quienes se introducen en los podios de iglesias con agendas tenebrosas cuyos fines son políticos. —dijo Calvi.

—Entiendo su planteamiento. —dijo Canuso.

—Existe cierto grupo compuesto por millones de protestantes que piensan que la oligarquía está a favor de Israel, ya que lo consideran el pueblo mesiánico de Dios. Lo cierto es que a los oligarcas no les importan los judíos, ya que fueron ellos, los mismos oligarcas quienes estuvieron ligados al partido de Hitler con la terrible agenda de exterminar su raza. Por la única razón que la elite financiera ha hecho creer que tiene alguna alianza con Israel es por el hecho que son un instrumento para conseguir el dominio sobre Palestina. Para lograrlo, no tardarán en echarlos a pelear contra los árabes para que de esta manera se quiten los unos a los otros y le abran el paso a los conspiradores. Los oligarcas están usando a Israel de la misma manera que los jesuitas están usando al Vaticano con el propósito del dominio total del mundo. —afirmó Calvi.

—Si esta conspiración es real como usted alega es la hipocresía mas terrible que jamás haya existido. Sé que dentro del Pentágono han sido colocados diferentes personas judías en puestos de gran importancia. —dijo Betterson.

—Eso es correcto, la derecha fundamentalista de Estados Unidos posee una alianza con el partido de extrema derecha de Israel, del Likud. Judíos son colocados en puestos de mando y de control en el Pentágono en asuntos de defensa de su nación. Lo que se busca es que los judíos en su nacionalismo y creyendo tener el apoyo de Estados Unidos vayan abriendo el camino para

Jerusalén versus otras naciones, la Jerusalén que los conspiradores desean para ellos. Los pactos que hacen los conspiradores con Israel son una mera estrategia de control. ¿Pueden los israelitas confiar en aquellos quienes usan fachadas de democracia y por otro lado apoyan dictaduras financiando sus operaciones en lo secreto? ¿Se puede confiar en aquellos que hablan de bienestar social en sus fachadas de piedad social y por otro lado participan y se lucran del narcotráfico mundial? —afirmó Calvi.

—¿Para cuáles intereses se hace la guerra en Medio Oriente? ¿Por Estados Unidos o por los judíos? —indagó Canuso.

—La guerra en Medio Oriente es igual que todas las demás guerras, una manera de encubrir los verdaderos intereses de los oligarcas que están moviendo las piezas mundiales para el control total. Para lograrlo utilizaran toda clase de herramientas, las cuales son la mentira, el engaño, la manipulación, la desinformación, el control de la prensa, los asesinatos, las violaciones, los abusos, el terrorismo y acciones perversas escondidas en fachadas de justicia. —dijo Calvi.

—Hay demasiada mentira rondando en los noticieros internacionales, ¿cierto? —comentó Canuso.

—Mucho más que mentiras, se trata de una agenda de manipulación psicológica. De operaciones psicológicas muy bien planeadas para controlar la opinión pública. La utilización de toda clase de fachadas de piedad y de hipocresía para llevar a cabo agendas oscuras y egoístas que traspasan los límites de lo moral para aniquilar naciones completas y defender los intereses de los egoístas oligarcas. Parte de la estrategia de los oligarcas es usar la propaganda que habla de una "nueva era", de "conciencia global", de "amor hacia la madre tierra" y cosas semejantes. Las mismas ideas que defendía Hitler y de la cual vimos los resultados en la historia. Todo se trata de una mera fachada de una filosofía que "ama a los árboles y la naturaleza", pero sacrifica humanos. Uno de los ejemplos recientes de esta gran infamia lo fueron los atentados del 11 de Septiembre de 2001. —dijo Calvi.

—¿Usted es de los que piensan que la versión oficial sobre los hechos del 11-S esta lejos de la verdad? —preguntó Betterson.

—Por supuesto que las versiones oficiales de los gobiernos no pueden ser atendidas con seriedad cuando se conoce de antemano toda la trama perversa que rige al mundo y se conoce de las injusticias contra países completos de parte de los oligarcas y como usan a las naciones para fines viles. —dijo Calvi.

—¿Cuáles piensa usted fueron los verdaderos motivos de los atentados del 11 de Septiembre de 2001? —preguntó Canuso.

—Todo el drama falso del atentado contra las Torre Gemelas se llevó a cabo para justificar en la conciencia del mundo el avance de los Estados Unidos en penetrar lugares fuera de su territorio que les serviría posteriormente para colocarse en una posición de ventaja y explotar los recursos y materias primas que necesitarán para llevar la vanguardia e imponerse frente a otras naciones poderosas. —dijo Calvi.

—Eso quiere decir que aquellos que perdieron la vida durante el desastre resultaban menos importante que las agendas egoístas de aquellos que planearon el atentado. —comentó Canuso.

—Los conspiradores consideran las guerras, atentados y cosas semejantes a éstas como cosas necesarias dentro de la sociedad para conseguir sus metas. Más allá de los espectáculos sociales existe toda una realidad muy poco pensada por la mayoría de la gente. Se trata de las verdaderas razones de la guerra y de los intereses de aquellos que son los urdidores de las crisis sociales. —dijo Calvi.

—Cuando usted habla de espectáculos y de los dramas que según usted crean los gobiernos, ¿involucra toda clase de actores? —indagó Betterson.

—Sí, ellos se valen de todos aquellas personas que en diferentes posiciones y profesiones les sirvan para adelantar sus causas en el mundo. Los oligarcas como urdidores y los políticos, religiosos, banqueros, periodistas, jueces, intelectuales, y personas que pueden ser de influencia social y que estén dispuestos a vender sus conciencias a favor de los intereses de los oligarcas serán usados para adelantar sus planes en el mundo. —dijo Calvi.

—Usted ya ha mencionado el aspecto religioso y como diferentes personajes tienden a adelantar las causas y metas de los oligarcas. ¿Cuánta influencia pueden llegar a tener esas personas? —indagó Canuso.

—Miren de lo que se trata es del poderío de la oligarquía en acción. Eso significa que son los más poderosos de la tierra. Las personalidades de mayor influencia sobre la tierra. Tomemos por ejemplo el Dalai Lama. El Dalai Lama es considerado por muchos como el líder budista espiritual del Tibet. No es ningún secreto el hecho que se trata de un personaje de influencia internacional, no sólo en los países orientales sino también en occidente. Pues dicha persona recibe fondos de parte de la CIA norteamericana. Estos vínculos siempre son disfrazados con toda clase de retórica para encubrir sus verdaderos propósitos con el mundo y seguirán usando la fachada de paz mundial como filosofía. Recordemos también que fue en el Tibet que Hitler y sus jerarcas buscaban sus raíces y de donde el llamado *"Füher"* obtuvo su insignia para la identificación de su partido ocultista. Obviamente que ante el público afirmarán que sus significados son totalmente positivos. —dijo Calvi.

—Según usted lo presenta, la oligarquía tiene a la CIA americana como una mano derecha para extender sus influencias hacia diversidad de personalidades que sirven para adelantar sus causas, sea para usar a religiosos para hacerles relaciones públicas, crearse una imagen de bien social y que se desvié la atención de cualquier otra acción nebulosa tras bastidores. —resumió Canuso.

—No piensen que siempre se trata de socios de apariencia de piedad, existen también los actores malvados de la película. Aquellos socios que se encargan de hacer el trabajo sucio pero todos sirviendo al mismo fin y meta propuesta por la oligarquía en su juego psicológico para justificar sus atrocidades. —dijo Calvi.

—Cuando usted habla del "trabajo sucio" ¿se refiere al terrorismo? —preguntó Betterson.

—Me refiero no sólo al terrorismo sino a todas aquellos dramas donde se colocan a actores que sirven de personajes malvados que no son otra cosa que agentes de la oligarquía para jugar con la mente de los ciudadanos y extender su imperialismo de forma macabra. Es notorio, que un personaje como Bin Laden se muestra más bien como un socio de los oligarcas que un enemigo rebelde. —dijo Calvi.

—Ahora que usted menciona al alegado terrorista Bin Laden, recuerdo que en un principio se le culpaba del envió de sobres con ántrax hacia los Estados Unidos. Luego el FBI tuvo que aceptar que dichos sobres contaminados no procedían de los terroristas de Afganistán sino de los propios laboratorios del ejército de Estados Unidos. Según lo que puedo ver, y no se trata de meras invenciones personales suyas, es que los propios verdugos de las naciones no se encuentran fuera de sus territorios sino dentro de sus propios límites. Es una terrible conspiración donde los que usan la fachada de bien social son realmente los ofensores. —comentó Betterson.

—Allí es donde se encuentra la astucia de los conspiradores. Ellos se adherirán a todo grupo que les sirva de fachada de bien. Ellos desde un principio se infiltraron dentro del Vaticano y de grupos poderosos como los jesuitas, como ya les mencioné anteriormente. Luego, han usado las mismas estrategias de infiltración. Ellos saben como manipular, como jugar con la mente de las masas. Saben que al usar sus máscaras y caretas sociales será mucha la gente confundida que pensará que es imposible que esos grupos sean usados para el mal ya que se han creado fama y propaganda de gente de bien social. —explicó Calvi.

—¿Asegura usted que todas las formas de libre asociación ya están bajo el control de los gobiernos? —inquirió Canuso.

—Definitivamente que los gobiernos se han dado a la tarea de controlar y manipular toda organización que les sirva de propaganda y de lucro. Sin embargo, esos intereses de los gobiernos siempre responden a los mismos oligarcas que hemos ya mencionado. Tomemos por ejemplo el caso de las ONG. No es poca la gente que ignora que instituciones y asociaciones que se supone sean desligadas del gobierno para fines humanitarios, voluntarios, sin fines de lucro, y cuyos propósitos deberían ser para proteger la gente y el ambiente, ayudar a gente en necesidad y fortalecer el desarrollo de los pueblos; de pronto se vean siendo manipuladas para fines macabros. —dijo Calvi.

—¡Uf! ¿Fines macabros? Usted usa palabras muy fuertes. —reaccionó Canuso.

—Sé que suena fuerte, pero no por eso deja de ser cierto. En diferentes países, las ONG se cuentan por miles. Muchas de ellas se han convertido en piezas claves de bien social. ¿No se trata de una gran oportunidad que los oligarcas pueden utilizar para adelantar sus causas de forma secreta y oscura utilizando la fachada de piedad que acostumbran? Ahora bien, no todas las ONG tendrán siempre un lado negativo, se puede dar el caso que exista algún grupo íntegro que sirva para crear una opinión pública en los medios con el propósito de proyectar una imagen de que siempre se trata de grupos no gubernamentales al servicio del desarrollo de la sociedad. —dijo Calvi.

—¿Puede brindar usted alguna evidencia que pruebe que las ONG pueden ser usadas para fines macabros como usted alega? —inquirió Betterson.

—Claro, para vergüenza de la historia, obviamente lo que nos encubren y no se nos dice o enseña en nuestras universidades es el papel protagónico que tuvo la Cruz Roja Internacional para permitir el escape de los asesinos nazis luego de la Segunda Guerra mundial hacia diferentes lugares como: Argentina, Chile, Suiza, Austria, Francia, España, Brasil, Italia, Turquía, Estados Unidos y otras naciones. Claramente, una ONG siendo usada para fines y propósitos macabros de proteger asesinos y brindarle nuevas oportunidades para que se vuelvan a organizar. —dijo Calvi.

—¿La Cruz Roja Internacional? —indagó Betterson.

—Existió un esfuerzo coordinado entre el poder religiosos por medio de la Comisión Pontificia de Asistencia y la Cruz Roja para brindarle pasaportes falsos con nuevas identidades a los asesinos nazis y conducirlos por una ruta que envolvía iglesias católicas y el encubrimiento de los sacerdotes que los ayudaron en la huida. Éstos fueron los responsables de la protección de la amenaza nazi brindándole toda clase de alternativas de reubicación y desarrollo. —dijo Calvi.

—Esto que usted alega tiene unas implicaciones enormes. Es decir, usted involucra a la Iglesia Católica y a la Cruz Roja Internacional en el escape de los nazis. Eso implica que miles de asesinos nazis pudieron colocarse en diferentes países con diversidad de oportunidades para la reorganización. O sea, que si en un futuro vuelve a resurgir el nazismo se le debe a la iglesia católica y a todos aquellos que colaboraron y fueron cómplices del escape de los asesinos. —dijo Betterson.

—En eso, está correcto. Si algo tiene que "agradecerle" la sociedad a la iglesia católica y a la Cruz Roja y es la posibilidad de una reorganización de los asesinos fascistas y un nuevo caos mundial. Todas esas futuras muertes y genocidios sucederán gracias al Vaticano, los jesuitas, la oligarquía controladora y todas aquellas instituciones que son manipuladas por esa clase de gente inescrupulosa. —dijo cínicamente Calvi.

—Señor Calvi, cuando usted habla puedo notar cierta expresión de rabia en el tono que usted usa al hablar sobre este tema. ¿Porqué? —indagó Canuso.

—Creo que la rabia que no puedo disimular se debe a que los asesinos y perversos hoy se están escondiendo en instituciones que profesan piedad. Los hemos visto en los jesuitas del Vaticano, en los sacerdotes quienes se venden a los intereses de los ricos para hacer su voluntad, en la infiltración, creación y manipulación de personas perversas como los nazis y neonazis en nuevas ONG con el propósito de explotar los países de forma inescrupulosa valiéndose de la nobleza de la gente frente a las diferentes crisis sociales. ¿Qué se va a imaginar la gente que el dinero que amablemente depositan para el desarrollo de la sociedad, realmente lo usan personas perversas con propósitos perversos para fines macabros? —contestó Calvi.

—De este modo, y según usted lo presenta, las ONG se han convertido en la forma disimulada de los fascistas y ambiciosos para diezmar aún más los pocos recursos que tienen los países. —dijo Canuso.

—Los oligarcas harán todo lo posible para influenciar en los gobiernos, para controlarlas y usar esas riquezas para sus negocios oscuros. Recuerden, todo se trata de utilizar las diversas marionetas que ya tienen en los gobiernos y en diferentes posiciones de la sociedad. Ellos, los oligarcas saben que una ONG íntegra se puede convertir en un poder influyente en la sociedad, de ésta manera, los ricos y oligarcas poseen temor al poder que pueda representar un organismo o institución de parte del pueblo. El interés de los oligarcas es proteger sus riquezas de la amenaza de los pobres. De ésta manera, y con el único propósito de someter al pobre para mantenerlo en su lugar, lo es el control de esta clase de instituciones de ONG. Por supuesto que los gobiernos utilizarán toda la propaganda a su alcance para cuando sucedan desastres o crisis social, el dinero de la gente vaya dirigido hacia esas ONG que ellos tienen controladas. —dijo Calvi.

—Entonces los tentáculos de este monstruo terrible que domina las naciones son mucho mayores de lo que la gente piensa. —comentó Betterson.

—La sociedad tiene a los enemigos lucrándose de sus desgracias. Esto es una de las mayores burlas e infamias que pueda estar experimentando la sociedad moderna. —dijo Calvi.

—¿Qué usted propone que no se le envié dinero a las ONG? —preguntó Betterson.

—De mi parte propongo que antes de otorgar dinero a alguna institución que se proclame "no gubernamental", se investigue primero si realmente son quienes dicen ser y si están desligados del gobierno y de toda esta conspiración. No sea que creyendo hacer el bien, en realidad estemos fortaleciendo aún más a la bestia política que procura desmenuzarlo todo y apoderarse de las riquezas de la tierra en su totalidad. —dijo Calvi.

Señor Calvi, lo que puedo resumir de su planteamiento es que los gobiernos se valen de diversidad de pretextos sociales que les puedan servir para esconder sus verdaderos intereses y propósitos. Pueden usar la fachada de diferentes organismos e instituciones para esconder sus agendas cuyos propósitos no son los que proclaman. En este caso, han usado las ONG para propósitos que no concuerdan con la propaganda para la cual recogen dinero. —resumió Canuso.

—Los mismos mecanismos son usados por la milicia. Ellos pueden usar diversidad de pretextos y métodos para reubicar poblaciones por el hecho de ubicarse estratégicamente para sus negocios en el mundo. Obviamente que las verdaderas razones de siempre serán disfrazadas por medio de otra clase de fachadas. Donde existan recursos naturales para explotar siempre existirá alguna excusa para limitar a los pobladores de esos territorios y las grandes multinacionales se lucraran a toda costa de la marginación de pueblos enteros. —dijo Calvi.

—Entonces lo que existe es una clase de privatización disimulada utilizando como excusa para la creación de las ONG la defensa de los recursos naturales y cuestiones ambientales pero que en realidad se trata de ponerle una cerca a las zonas que la oligarquía económica desea explotar para ellos y para los intereses de los ricos. —dijo Betterson.

—Por fin están comprendiendo. —dijo Calvi—. Es obvio que esta maquinaria oligárquica utiliza diversidad de grupos donde funcionan como concilios que determinan el futuro de los pueblos, su explotación de recursos, su política, y como someterlos a sus intereses y metas. Para estas cosas actúan tras bastidores en los grupos influyentes que hemos mencionado como: Comisión Trilateral, la ONU, el grupo Bilderberg, el Consejo de Relaciones Exteriores, el Club de Roma, la Unión Europea, la OTAN, la Mesa Redonda, y los familiares reales europeos. Se trata de un esfuerzo coordenado donde se busca dirigir a los empresarios y presidentes importantes del mundo para que vayan a la par de los intereses de los oligarcas. Toda persona que sea considerada de gran poder financiero será manipulada de alguna forma por la elite de ricos del mundo. A estos se les dará participación en las actividades políticas, religiosas, financieras, y militares de los países que son sometidos a la oligarquía. —explicó.

—Cuando lo escucho a usted hacer sus disertaciones llego a la conclusión que si los oligarcas son lo suficiente astutos para pensar en los detalles y usar diversidad de técnicas de inteligencia para someter a los pueblos, entonces, es muy posible que toda la política sea un mero espejismo, tal y como usted lo describe. —comentó Betterson.

—Definitivamente, la política es un mero espejismo. La política no está dirigida ni por ideales demócratas, ni republicanos ni nacionalistas. La política es amordazada a los intereses económicos de los oligarcas. Ellos, los oligarcas, son los que determinan la dirección de los pueblos. Ya anteriormente les hablé de los vínculos de la fundación de los partidos y la masonería. Por si no lo han notado, tanto los liberales como los conservadores se nutren de los pensamientos de ideólogos que desde un principio fueron controlados por los oligarcas. —dijo Calvi.

—Entonces, el fanatismo que hunde a las masas por diferentes colores es en realidad una gran necedad inútil que no conduce a ninguna parte, lo mismo que las acaloradas discusiones donde se esgrimen palabrerías y teorías muertas que no conducen a nada. —concluyó Canuso.

—Es lamentable, pero es la realidad. La maquinaria de la globalización controlada por los oligarcas se ha encargado de infiltrar todos los bandos en el campo de juego. Eso significa que aún en los supuestos organismos que en la sociedad hacen mucho ruido afirmando protestar contra la globalización, a veces son ellos mismos jugando con la psicología de las masas. Ellos usarán toda clase de estrategias para identificar a sus enemigos en el campo de juego y se aprovecharan de toda clase de situaciones para provocar enfrentamientos y manipular esos grupos que se proyectan en la sociedad como rebeldes ante el sistema. –dijo Calvi.

—¿Cómo hacen esto? —preguntó Betterson.

—Esto lo hacen usando la misma coordinación que existe entre servicios secretos, logias, personalidades de gobierno y los altos líderes que le sirven a los oligarcas. ¿No es una gran artimaña de la oligarquía influenciando en los gobiernos, el infiltrar a los suyos dentro de los movimientos revolucionarios y que reclaman y aparentan denunciar la globalización? De esta manera, agitarán esos grupos de tal forma que creen cierto caos que luego resultará en nuevas medidas drásticas de "seguridad". Es así como van coartando libertades y eliminando los obstáculos para su control social total. De esta forma, los que parecían ser sus enemigos, fueron utilizados para adelantar sus causas. —explicó Calvi.

—Eso significa que de una u otra forma ellos se las arreglan para controlar ambos lados, es decir, el de los opresores y el de los oprimidos. —reaccionó Betterson.

—Sea de forma directa o financiando a los intermediarios, el control siempre se logra. De forma hipócrita utilizan toda clase de medios a su alcance que van desde organizaciones revolucionarias, prensa, editoriales, medios de comunicación, y demás. El propósito es limitar el campo de acción en lo que ellos han establecido. Si usted estudia seriamente a los poderosos oligarcas y sus influencias, no podrá dejar de vincularlos con los organizadores de muchos grupos "revolucionarios". Unas técnicas de control social donde el dinero y los poderosos siempre están relacionados y donde es muy difícil que se trate de grupos aislados que surgen de forma espontánea por el descontento social. —dijo Calvi.

—De este modo, usted asegura que se trata de un plan preconcebido con el único fin de adelantar el poder de los oligarcas y asegurar las riquezas de los ricos. —dijo Canuso.

El señor Calvi aseguraba que toda institución social que resultara rentable, sería infiltrada por los enemigos del sistema para usurpar sus lugares y dirigir esos recursos y fondos para los fines de los ricos y conspiradores, esto sin importar si fueran ONG, iglesias, o alguna otra clase de organización social. Estas artimañas se nutrían de la candidez y la ignorancia de la gente confiando a ciegas en hombres de apariencia de piedad y de filantropía. La sociedad había caído en las redes de la falsa propaganda que hablaba de justicia e igualdad, de un mundo de paz y de bienestar, olvidando por cierto todos los ejemplos y lecciones del pasado.

"El testimonio de mí conciencia es para mí de mayor precio que todos los discursos de los hombres."

–Marco Tulio Cicerón

Capítulo 15
Compradores de conciencias

—Señor Calvi, desde el comienzo de la entrevista usted ha hablado de grandes escalas de corrupción de personas que ocupan puestos muy importantes en la sociedad y que sirven a los intereses egoístas de los oligarcas. Éstos parecen vender sus conciencias y realizar toda clase de actos sociales que sirva para adelantar las causas de aquellos que de una forma u otra les brindan riquezas, poder, y posición social, aunque para obtenerlo tengan que recurrir a acciones oscuras que implican vínculos con asesinatos, genocidios, narcotráfico, terrorismo, lavado de dinero, negocios turbios y toda clase de corrupción. ¿Estamos entonces frente a una maquinaria que carece por completo de conciencia y lo único que obedece es conseguir sus metas políticas? —preguntó Betterson.

—Es una triste realidad, estamos frente a una maquinaria que utiliza toda oportunidad que se le presente para hacerse propaganda de benefactores de la sociedad, pero por otro lado, están dispuestos a aniquilar naciones enteras sin conciencia alguna. Tomemos por ejemplo uno de los países que ha venido a convertirse en emblema del dolor humano. —dijo Calvi.

—¿A cuál se refiere? ¿A África? —preguntó Canuso.

—Eso es correcto. Mucha gente cuando piensa en África lo primero que le viene a la mente son aquellos lugares de ese país donde está la gente muy pobre, raquíticos, careciendo de la mayoría de las cosas básicas que un ser humano debiera tener para poder desarrollarse. ¿Cómo han llegado a estar en esa situación? ¿Por qué se les hace tan difícil desarrollarse? Lo que tenemos nuevamente es el mismo escenario de aquellos poderosos quienes se venden en nuestra sociedad como filántropos y usando toda clase de propaganda de gente de bien, esos mismos, se han dedicado a explotar y a extender sus tentáculos de la avaricia sobre países como África. Por un lado hablan de justicia, de paz, de igualdad, de un mundo libre, de un nuevo orden socio económico mundial, y por otro no tienen misericordia alguna financiando dictadores que les sirvan en los países donde se encuentran los recursos naturales que ellos explotarán. —dijo Calvi.

—O sea que según usted lo plantea, ¿la culpa de gran parte de la crisis de algunos países del tercer mundo radica en la mano opresora de los ricos que se encuentran cómodamente reinando en occidente? —preguntó Canuso.

—Esa es la realidad. ¿Qué tenemos de nuevo? Tenemos la misma bestia política, me refiero a los mismos oligarcas, actuando tras bastidores creando toda clase de lazos privados que les sirva para desangrar a esas naciones. Son ellos, los poderosos de occidente quienes sirviendo a la oligarquía del mundo han trabajado para colocar dictadores y corruptos en naciones que fueran prosperas hoy si no estuviesen bajo el control de los inescrupulosos opresores. —dijo Calvi.

—Entonces las versiones que se nos venden en la prensa internacional han sido manipuladas. Ya que lo que se nos dice es que la causa de la falta de desarrollo de esos lugares como África se debe a diferencias civiles y de luchas tribales. —dijo Canuso.

—Esa es la versión que a los opresores les conviene presentar en los medios de comunicación que están bajo su control ya que los hace ver ante la gente como ajenos al asunto. Pero la realidad es que existen intereses económicos que hacen que los ricos no le presten importancia a la vida humana. Primero surge la avaricia, luego le sigue la conspiración por adueñarse de los lugares. Para lograrlo, intervienen en la política y se infiltran en los países de diferentes maneras. Por medio de su poderío económico imponen gobernantes que luego serán usados como marionetas para defender sus intereses. No les importa si para lograr su explotación tengan que recurrir a la venta de armas ilegales, narcotráfico, genocidios, mutilaciones de generaciones completas y toda clase de crueldad humana. Lo único que les importa es el beneficio monetario que lograrán y la manera en que esto pueda adelantar su imperio. —aseveró Calvi.

—Según usted lo expone, no existe mucha oportunidad para que la gente buena pueda hacer algo por cambiar la situación del mundo. —comentó Canuso.

—Lamentablemente la gente buena se encuentra frente a una sociedad hostil y salvaje.

No es un secreto el hecho que cuando en un país se levanta un líder que sea un revolucionario independiente y alejado de la manipulación de los conspiradores, entonces la oligarquía lo mira con desconfianza y con odio y utilizará su mano negra para ponerle fin a toda costa. Allí, para lograr eliminar esos obstáculos utilizarán a sus servicios secretos, su milicia, sus infiltrados, su meta, aniquilarlos. Si no pueden comprar su conciencia, de algún modo le darán la muerte. Luego, una marioneta de la oligarquía será colocada al poder en su lugar. —explicó Calvi.

—Sus palabras me recuerdan sucesos de la historia americana como lo fue el asesinato de John F. Kennedy. —dijo Betterson.

—Cuando un presidente o dictador es un estorbo en los planes de los oligarcas, ellos tienden a conspirar de miles maneras para derribarlo. Para lograrlo usarán sus diferentes tentáculos. Ahora bien, cuando hay un reconocido asesino y genocida que es conocido por todos pero que no interfiere en los intereses de los oligarcas, entonces es recibido con toda clase de honores de parte de los "presidentes" que luchan por la "justicia", la "libertad" e "igualdad". Eso significa que cuando los gobiernos que son marionetas de los oligarcas logran encumbrar a un dictador sobre un pueblo, dicho dictador ni siquiera pensará en su propia nación sino que actuará de forma egoísta afectando a su propio pueblo tratando de acaparar la mayor fortuna para si y allí estará la maquinaria de los oligarcas para comprar su conciencia. —dijo Calvi.

—Todas sus palabras hacen que se enardezca mi interior. Sólo pienso en los millares asesinados, en los abusos cometidos, en los niños destruidos, en la juventud exterminada, en lo que pudo ser una generación de esperanza ahora toda convertida en olvido y desolación. En cambio, los ricos provocadores de las crisis se lavan las manos ya que han sido sus marionetas quienes han hecho el trabajo sucio a cambio de dinero. —reaccionó Betterson.

—¿Saben que es lo terrible de todo esto? Lo terrible de todo esto es que mientras millones de personas escuchan los discursos de "justicia social" en las estrategias demagógicas de sus líderes políticos creándoles toda clase de fantasías de mundos de paz y de utopías en sus mentes, por otro lado están los millones que son marginados en los países que han sido invadidos por esas mismas naciones y allá ya no actúan de manera "justa" sino todo lo contrario, sirviendo de agitadores de grupos, provocando enfrentamientos, y sin servir de ayuda sincera a los pueblos que son explotados como por ejemplo: Uganda, Ruanda, Congo, Sierra Leona, Angola, Argelia, Camerún y lugares semejantes donde se explotan diferentes recursos. ¿Quiénes realmente sufren los efectos de la ambición de los ricos? Son los niños los que realmente sufren. Muchos mueren sin llegar apenas a los cinco añitos. Otros son apartados de sus familiares y son explotados como esclavos. Otros son mutilados, donde les cortan las manitas para proteger los malditos mercados de minerales. —dijo Calvi.

Mientras Calvi hablaba no podía evitar mostrar su indignación y coraje. De la misma manera lágrimas salían de los ojos de la señorita Canuso. Era una expresión de rabia mezclada con impotencia frente a tanta maldad humana. De algo el Señor Calvi estaba seguro, no se trataba meramente de las acciones oscuras de Norteamérica, ya que eran muchas las naciones poderosas que actuaban de forma similar siendo dirigidos por los oligarcas para ser los actores y ejecutores de los designios de la gente más perversa sobre la tierra. Betterson también se mostraba indignado ante la realidad social que el señor Calvi les estaba presentando. «¿Qué alternativas pragmáticas tiene la sociedad para evitar esta clase de males y crisis sociales?» «¿Cómo ponerle fin a tanta maldad y abuso social?» «¿Cómo impedir que esa bestia política continúe esclavizando los pueblos?» Esas eran las interrogantes que invadían las mentes de todos.

"La violencia es el miedo a los ideales de los demás."

–Mahatma Ghandi

Capítulo 16
Los ídolos piden sangre

—Señor Calvi, resulta complicado comprender como los seres humanos pueden hundirse tanto en la avaricia y en el egoísmo, que no les importe la vida ni el bienestar de otros seres humanos semejantes a ellos y prefieran el dinero. —comentó la señorita Canuso.

—Señorita Canuso, ya que usted hizo ese comentario, le pregunto a ambos, ¿Cuál sería el resultado social si tuviéramos como gobernantes y dirigentes o aquellos que determinan el futuro de los pueblos inmersos en sectas oscuras paganas cuyos rituales se caracterizan por lo macabro y sus filosofías como descabelladas? En tiempos pasados, pudimos ver el principio de dolores en las obras terribles y despiadadas que hiciera un Hitler en Alemania, pero no se trata de un dictador aislado esta vez. Ahora se trata de una plaga que se ha extendido por todo el mundo por medio de la masonería. —dijo Calvi.

—¿Está usted afirmando que tras esa fachada de piedad social que se ha creado la masonería realmente hacia donde nos conducen es hacia un futuro similar al que los jerarcas nazis perseguían? —indagó Betterson.

—¿Qué sucedería si la maldad, el eje del mal está encumbrado en las altas esferas de poder y usan los organismos de los gobiernos para llevar a cabo sus matanzas de forma disimulada y encubierta? —aseveró Calvi.

—¿De qué manera? —inquirió Canuso.

—Desde un principio les he comentado que existe una ideología racista que está mezclada y diseminada en la masonería. Les comenté que los seguidores de mitologías y fábulas utilizan esas ideologías para justificar sus acciones sociales. Lo vimos en el pasado en los dictadores nazis de la Alemania. Ellos usaban la mitología nórdica para elaborar todo un cuerpo de creencias racistas, donde elevaron a su "raza aria" por encima de los demás. De esta manera, se creían superiores y con el poder para darle la muerte a millones de personas que ellos consideraban animales, viles y toda clase de degradaciones y humillaciones. En este tiempo, esas mismas creencias siguen latentes. Siguen existiendo los neonazis, el Ku Klux Klan, Nueva Era, Masonería, y los vehículos necesarios para que dichas ideologías macabras sigan adelante. —dijo Calvi.

—¿De qué forma pudiera ese racismo estar obrando de forma disimilada sobre la sociedad? —preguntó Betterson.

—Miren, existe toda una política genocida contra los países pobres. Es decir, gobiernos poderosos han usado la excusa y el pretexto de adueñarse de los recursos naturales y minerales de los países del Tercer Mundo. Han creado discursos que afirman que se trata de cuestiones de seguridad nacional cuando hablan de explotar a los pobres para seguir enriqueciendo a los ricos. Han visto en el Tercer Mundo a los conejillos de indias para realizar sus atentados. —dijo Calvi.

—¿Atentados? ¿Qué clase de atentados? —interrumpió Betterson.

—Primero, tenemos a los corruptos ocultistas encumbrados en el poder. Segundo, por medio de sus filosofías racistas utilizarán cualquier oportunidad para llevar a cabo sus agendas racistas. Tercero, utilizarán toda clase de fachadas por medio de los diferentes organismos o instituciones que están bajo su poder. Cuarto, serán las naciones pobres a las cuales consideran inferiores las víctimas de sus atentados genocidas. Quinto, sus acciones van a la par con la clase de creencias paganas macabras similares a las que dominó la mente de los jerarcas nazis. —dijo Calvi.

—¿Existe alguna evidencia social que pueda compartir para validar esos argumentos? —preguntó Canuso.

—Claro, tomemos por ejemplo el caso de África. En 1969 el Pentágono de Estados Unidos demandaba al Congreso que se sufragase en los laboratorios la creación de diversos virus. Muchos gobiernos utilizan los virus como armas de guerra. Los virus que desarrolla la milicia son tan mortales como el mismo SIDA. Luego de la creación de diversos virus similares la SIDA, surge en la mente política de los poderosos los argumentos con la meta de despoblar los países pobres con el pretexto de la seguridad nacional. Luego impulsarían sus agendas racistas utilizando la retórica que habla de "población y recursos de la tierra", viendo siempre en los pobres y en la gente de color negro una amenaza poblacional. Siempre estando en la mente de los ricos la reducción de la población. —dijo Calvi.

—¿Está usted afirmando que existe un plan genocida contra los pobres? —preguntó Betterson.

—¿Cómo se le puede llamar a la conspiración que coloca a los mismos poderosos racistas sobre la administración de los recursos de los países de los pobres? Dándole entrada para que puedan disponer de los recursos de la tierra y permitiéndoles crear el escenario para que puedan no solo explotar las tierras sino llevar a cabo planes y sistemas de vacunación en esos países sobre millares de gente. Teniendo ellos, los poderosos, el poder para crear vacunas mortales e imponerlas sobre los países que tienen como blanco de despoblación y a quienes consideran una amenaza. —dijo Calvi.

—Entonces, usted está argumentando que hay algo más que la casualidad en torno a lo ocurrido en África y el desarrollo de enfermedades como por ejemplo la proliferación del SIDA. —dijo Canuso.

—Definitivamente, que el cuerpo de actores tras esta trama son lo mismos poderosos quienes están inmersos en sus ideologías racistas tenebrosas. Tenemos pues la trama de los políticos, los científicos desarrolladores de los virus, es decir, los laboratorios y sus vínculos con el ejército. Tenemos a los mismos actores involucrados en sus "planes de ayuda humanitaria en el exterior". Esto coloca a los conspiradores en el terreno donde pueden llevar a cabo sus operaciones biológicas contra los que ellos consideran blancos perfectos para llevar a cabo su plan de reducción poblacional. —dijo Calvi.

—¿Está usted insinuando que casos como por ejemplo, el virus del SIDA fuera una creación de parte de la milicia con el fin de reducción poblacional? —indagó Betterson.

—No es ningún secreto el hecho que un virus como el SIDA es el producto de la manipulación genética. Luego con el virus en mano, han seguido sus agendas de despoblación mundial que rigen la mente de los oligarcas. Los mismos que están creando pestes en sus laboratorios son los mismos que se están introduciendo en la sociedad con sus campañas de vacunación en sus operaciones "humanitarias". De ésta manera están llevando a cabo sus genocidios sea a corto o largo plazo que redunda en enfermedades mortales o alguna otra clase de condiciones que cumplen sus objetivos de reducción de la población o sirve para controlarlos a todos. —dijo Calvi.

—Entonces, resumiendo sus aseveraciones, usted afirma que hay una mentalidad racista encumbrada en las altas esferas poderosas de la sociedad quienes tienen control sobre los gobiernos y laboratorios y que pueden estar llevando a cabo sus agendas de forma disimulada con toda clase de campañas humanitarias pero que en realidad puede resultar en la propagación de virus mortales, especialmente en los pobres. —resumió Canuso.

—No piensen que se trata de desvaríos de mi mente. Sólo echen un vistazo a la realidad social. Tomemos por ejemplo los vínculos que existen en el racismo con filosofías como la que exhibe el Ku Klux Klan. Una filosofía la cual claramente anuncia la supremacía blanca. ¿Quiénes están detrás de todo esto? La masonería. La misma masonería que está encumbrada en las altas jerarquías poderosas del mundo y que se rinde a los intereses de los jesuitas. —afirmó Calvi.

Parte C

El precio de la libertad

"¡Denme libertad, o denme muerte!"
–Patrick Henry

Capítulo 17
Morir por la libertad

25 de Septiembre de 2011
10:00 a.m.

Sucedió que la señorita Canuso y el señor Betterson acordaron asistir al último día del Congreso. Mientras tanto Betterson le permitió al señor Calvi permanecer en la habitación en tanto ellos regresaban. El señor Calvi sabía que pronto sus amigos partirían a los Estados Unidos y pasaría mucho tiempo sin poder verlos nuevamente. Aunque recién acababa de conocerlos, les había tomado bastante afecto.

El señor Calvi se dispuso a ir al balcón del hotel para observar el hermoso paisaje de aquella isla. La gente de la ciudad estaba inquieta. De momento, Calvi pudo notar que varios hombres se encontraban custodiando el hotel y los lugares aledaños al mismo. De repente su corazón comenzó a latir más rápido de lo acostumbrado. Pudo ver que los hombres que habían atentado contra su vida se encontraban nuevamente cerca de aquel lugar.

—«Oh, no, me han descubierto. ¿Qué haré ahora?» —pensaba Calvi.

Los malhechores estaban muy molestos ya que nunca escucharon la noticia que anunciaba la muerte del señor Calvi por lo que tenían la misión de encontrarlo fuese donde fuese. Aunque nadie del personal del hotel sabía su identidad ni que se hospedaba con el señor Betterson, llegó a los oídos de los asesinos que había un hombre que concordaba con sus descripciones en la habitación número 12 de aquel hotel.

—Señor Betterson, ¿Se encuentra usted ahí? —preguntó una voz tosca a la puerta de la habitación.

El señor Calvi se mantuvo inmóvil. Quedó petrificado en silencio para que no notaran su presencia. Tan pronto los extraños desistieron de llamar al señor Betterson, se dispuso a huir por la parte trasera de aquel lugar tratando de no ser visto.

Ya eran las 8:00 p.m. cuando la señorita Canuso y el señor Betterson llegaron al hotel luego de un ajetreado día del congreso que se extendió más de lo acostumbrado pues trajeron varios arqueólogos quienes hicieron varias de sus presentaciones para culminar dicha actividad.

—Estoy muerta del cansancio. —dijo la señorita Canuso.

—No se preocupe, tendrá varias horas para descansar hasta mañana. Y luego partiremos de regreso a los Estados Unidos. —dijo Betterson.

—Así lo haremos. —acordó Canuso.

Mientras tanto, el señor Calvi huía a toda prisa en la ciudad luego que sus perseguidores pudieron identificarlo entre la gente. Ya el sol se había puesto y Calvi buscaba alguna salida quedando en una emboscada en un puente.

—¿Pensabas que nunca te íbamos a encontrar? —preguntó uno de los mafiosos de voz recia.

El señor Calvi se detuvo en medio del puente.

—No lograrán nada conmigo. —dijo Calvi.

—Dinos, ¿quién te libró de la muerte la primera vez? ¿Cómo pudo usted escapar? —indagó otro de los hombres.

Calvi permaneció en silencio.

—¡Habla! —le gritó uno de los hombres.

Aquellos hombres condujeron a Calvi por la fuerza y lo llevaron hacia un auto. Tratarían de sacarle toda la información posible.

Mientras tanto, en el hotel, el señor Betterson no podía salir de su asombro. Al entrar a su habitación vio todo desordenado y daba la impresión que el señor Calvi había salido muy aprisa.

—«¿Qué sucedió aquí?» —se preguntó.

—¿señor Calvi? ¿Se encuentra bien? —llamó Betterson sin recibir respuesta alguna.

Betterson revisó la habitación y un mal presentimiento invadió su mente. Inmediatamente llamó a la señorita Canuso y le contó lo sucedido. Ella vino inmediatamente.

—Si el señor Calvi se ha ido de regreso a su ciudad que Dios lo proteja. —dijo Canuso.

—Debemos hacer algo. —dijo Betterson.

—¿Qué podemos hacer? No conocemos su destino. Lo único que sabemos de su persona fueron los secretos que nos brindó en la entrevista que nos otorgó y que tenemos grabada y nos dijo bien claro que por esos misterios era que lo buscaban para darle la muerte. Tratar de conseguirlo es acercarnos a esos conspiradores. —dijo Canuso.

Betterson se mostraba muy entristecido.

¿Cómo brindarle ayuda a una persona misteriosa que apareció de forma casual en sus vidas? ¿Cómo conocer su destino y ubicación? ¿Cómo poder brindarle protección? Estas eran las preguntas que invadían la mente de ambos.

Ya eran las 12:00 a.m. y no muy lejos de allí el señor Calvi era interrogado por sus verdugos.

—¿Has compartido con alguien más tus secretos? —preguntó uno de los hombres.

Calvi guardó silencio.

Los conspiradores viendo que Calvi no hablaba palabra alguna lo condujeron por la fuerza nuevamente a un puente cercano.

—Señor Calvi, hoy es su final. Espero que conserve muy bien todos esos secretos en la otra vida. —dijo uno de los hombres con tono de sarcasmo.

—Es mejor morir antes que seguir en su sistema de opresión social. –dijo Calvi.

—Usted puede detener su muerte, siempre y cuando permanezca con su boca cerrada y no hable más de la cuenta. —dijo uno de los hombres.

—No me mantendré callado. La verdad saldrá a la luz este vivo o muerto. Nunca podrán ponerle mordaza a la verdad. —dijo Calvi.

—Una última pregunta quisiera hacerle sólo por curiosidad. ¿Por qué usted conociendo la mafia desde su mismo seno de pronto decide convertirse en un desertor? ¿Por qué se decidió a contarle todo a la humanidad? —preguntó uno de los mafiosos.

El señor Calvi lo miró a los ojos.

—¡Basta ya de una vida vacía! ¡Basta ya de tanto abuso contra millares de gente! La sangre de todas esas víctimas clama por justicia. Ya no podrán continuar con sus maldades. La verdad saldrá a la luz tarde o temprano. —dijo Calvi.

Los hombres guardaron silencio por un momento.

—Desde el momento que entraste en esos negocios conocías las consecuencias que tendrías por hacerte un desertor. —dijo uno de los hombres.

—Sé que nada de lo que les diga los hará retroceder de sus intenciones. Sólo le pido a Dios que de la manera que yo encontré la libertad, así ustedes la puedan hallar. —dijo Calvi.

Los hombres enfurecidos empujaron a Calvi y lo dirigieron hasta el borde del puente. Allí colocaron una soga en su cuello, lo levantaron y le colocaron dos pesados ladrillos en su chaqueta de la misma manera que lo hubieran hecho la primera vez.

—Señor Calvi, este es el precio de su libertad. —dijo finalmente uno de los hombres empujándole para que el peso de su cuerpo cumpliera con su muerte.

Aquellos conspiradores crearon el escenario perfecto para que pareciera un suicidio.

De forma cruel el señor Calvi expiró frente a sus enemigos quienes se perdieron en la oscuridad luego de asegurarse que ya su víctima no respiraba.

Era ya la 1:30 a.m. y la señorita Canuso se encontraba muy inquieta aquella noche. Un mal presentimiento no le permitía pegar sus ojos. Encendió la luz de la mesita de noche y se dispuso a prender el noticiero. Pasados unos minutos su corazón casi le estalla al ver una noticia:

—*El eminente banquero de Milán, Robert Osswald Calvi fue hallado muerto en el puente central de Santorini. Lo que al parecer ha sido un suicidio ha levantado muchas dudas en la manera que fue hallado su cuerpo colgado. Las autoridades sospechan que se trate de alguna venganza de la mafia o de sus vínculos a sociedades secretas muy poderosas...* —seguía la noticia.

Lágrimas desconsoladas comenzaron a salir de los ojos de Canuso. Era una sensación de rabia mezclada con impotencia. Un nudo en su garganta le infundía gran dolor. Tomó el teléfono y dio la noticia al señor Betterson. El señor Betterson compartió el mismo dolor. Ambos quisieron alejarse lo antes posible de aquel lugar y retornaron a los Estados Unidos en esa misma mañana llevando consigo las últimas palabras del señor Calvi grabadas no sólo en sus corazones sino en un video de entrevista que él les concedió justo antes de morir.

"La verdad es siempre extraña. Es más extraña que la ficción."

–Lord Byron

Capítulo 18
Mr. Weilburg

Massachusetts, Estados Unidos
Instituto de Arqueología
26 de Septiembre de 2011
10:00 a.m.

El señor Weilburg se encontraba muy ansioso de tener noticias del señor Betterson y de la señorita Canuso. Weilburg se caracterizaba por su fuerte carácter y su recia voz. Su presencia infundía respeto y era su costumbre verlo fumar su vieja pipa en su oficina. Su físico no era muy agradable pues era obeso y de estatura baja, siempre dependiendo de su bastón al caminar. Era el día lunes cuando quiso ver al señor Betterson y a su colega Canuso en su oficina. Temprano en la mañana ambos compartían impresiones con su jefe.

—¡Muy buenos días! —les saludó Weilburg— Estoy deseoso de conocer como les fue en el congreso en Santorini. ¿Cómo les fue? —indagó.

—El congreso se condujo de forma excelente. El invitado fue el Dr. Claude D. Alrich quien junto con otros invitados nos puso a la vanguardia sobre el tema que a usted le interesa sobre la ciudad perdida de la Atlántida. —dijo Betterson.

—¡Elvira!, sírvele un café a ambos. —le pidió Weilburg a su secretaria.

—Y bien, díganme. Hasta el momento, ¿cuál piensan ustedes es el lugar donde la mayoría de los arqueólogos e investigadores comentan como posible conclusión sobre la ubicación de la ciudad? —preguntó Weilburg.

—La gran mayoría de los investigadores comentan sobre las islas Bahamas y han comentado de posibles equipos de exploración que serán financiados por los gobiernos. —dijo Betterson.

—En este asunto no podemos quedarnos rezagados. Tan pronto sea posible enviaremos nuestro equipo explorador a esas zonas de forma independiente. —dijo Weilburg.

—Señor Weilburg, queremos comentarle algo. —dijo Betterson mostrando preocupación.

—¿Qué le sucede? Lo noto algo apesadumbrado. ¿No les gustó el viaje? —indagó.

—No, nada de eso. Sucede que mientras estábamos en Santorini sucedieron cosas muy extrañas. —comentó Brittanny Canuso.

—¿Qué fue lo que sucedió? —indagó Weilburg.

—Sucedió que una noche mientras salí a fumar fuera del hotel pude ser testigo de lo que parecía ser un asesinato. —dijo Betterson.

—¿Cómo…? —interrumpió Weilburg con mirada de sorpresa.

—Sucede que varios hombres pretendían ahorcar a su víctima en un campanario muy cerca de mi habitación en las altas horas de la noche. Ellos lo llevaron allí por la fuerza, luego le ataron una soga al cuello y lo dieron por muerto. Por pura casualidad me encontraba cerca y tan pronto los hombres se apartaron de aquel lugar muy de prisa, pude apresurarme y tratar de bajar a aquel hombre y hacer que se revitalizara. Luego de muchos intentos por ayudarle el hombre pudo reaccionar. Para mi sorpresa se trataba de un notorio banquero. —dijo Betterson.

—¿Un banquero? —preguntó Weilburg.

—Si se trataba del señor Robert Osswald Calvi. —respondió Betterson.

—¿Cómo es posible esto? He estado viendo los noticieros y ese nombre me parece conocido. —contestó Weilburg— ¿Qué hiciste? ¿Llamaste a la policía? —indagó

—No, el señor Calvi no quiso que llamáramos a las autoridades. —dijo Betterson.

—Una actitud muy rara. ¿Cuáles eran sus motivos? —indagó Weilburg.

—Sucede que el señor Calvi afirmó que los que atentaban contra su vida eran gente de una mafia que envolvía a las altas esferas de la sociedad. Luego, al ver sus identificaciones en su cartera y ya estando seguros que era quien decía ser, le brindé hospedaje en mi habitación. Incluso, le permití ir junto a nosotros a un día del congreso. Aconteció que el señor Calvi hizo una serie de aseveraciones controversiales en torno al tema que nos incumbe sobre la Atlántida. —dijo Betterson.

El señor Weilburg miró a ambos muy extrañado.

—Señor Weilburg, sé que usted encuentra esto raro, pero de la misma manera reaccioné cuando escuché al señor Calvi hacer sus aseveraciones. —dijo Betterson.

—¿Un banquero? ¿Qué puede saber un banquero sobre este tema? ¡Ja-ja! —rió Weilburg.

—Señor Weilburg, tiene que oír lo que tiene que decir el señor Betterson.

El señor Weilburg guardó silencio por un momento.

—A ver, prosiga. —le indicó Weilburg.

—El señor Calvi afirmó que la ciudad que nosotros buscamos como una ciudad perdida en ruinas, en realidad de lo que se trata es de una agenda utópica de los gobiernos modernos seguidores de mitologías y filosofías paganas antiguas. Como si fuera poco, el señor Calvi parecía estar convencido de que existe un plan mundial con bases racistas similares a las que tuvo el III reich de Hitler y cuyas ideologías brotan de sus metáforas en las creencias similares a las leyendas sobre la Atlántida. Fueron tantas las aseveraciones que hizo el señor Calvi que nos vimos movidos a grabarle una entrevista sobre el tema. Dicha entrevista la tengo en mi poder. —dijo Betterson.

—Cuéntale lo que le sucedió. —sugirió la señorita Canuso.

—¿Qué sucedió? —preguntó Weilburg.

—Señor Weilburg, el señor Calvi quiso permanecer en mi apartamento en tanto nosotros estábamos en el final del congreso. Al regresar del mismo nos percatamos que algo extraño había pasado. Sucede que el señor Calvi ya no estaba y pasada unas horas apareció ahorcado en un puente de la ciudad. —dijo Betterson.

—¿Se quitó la vida? —preguntó Weilburg.

—No, dudo mucho que el señor Calvi atentara contra su vida. Creo que fue víctima de la mafia. —dijo Betterson.

—¿La mafia? ¿Qué razones tendrían para atentar contra su vida? —inquirió Weilburg

—Señor Weilburg, el señor Calvi hizo afirmaciones en las cuales alega que existe alguna clase de complot mundial que dará como resultado un gobierno dictatorial que nos afectará a todos. Según él, surgirá una dictadura fascista con bases racistas utilizando la ideología basada en creencias como la de la Atlántida para justificar el gobierno de una raza de "dioses" sobre los esclavos. —dijo Betterson.

—Interesante. —reaccionó Weilburg en tono muy serio.

—Sucede que según las aseveraciones del señor Calvi ya esa conspiración mundial lleva tiempo controlando al mundo y obrando de tal forma que han dominado las plataformas que componen la sociedad. Él dijo que los intentos de asesinarlo eran para que sus secretos obtenidos de las logias masónicas nunca salieran a la luz. —dijo Betterson.

—Sugiero que usted vea el video de la entrevista que le hiciéramos al señor Calvi. —dijo Canuso.

—Me parece bien. —contestó Weilburg.

Así lo hicieron, le permitieron al señor Weilburg ver la entrevista que habían grabado de parte de Calvi.

El señor Weilburg al ver la entrevista se mostró sorprendido y no podía ocultar su preocupación. Una vez el señor Weilburg terminó de ver la entrevista permaneció en silencio. Betterson y la señorita Canuso se mostraban nerviosos.

—Señores, hemos encontrado lo que buscábamos. —aseveró Weilburg con tono serio y contundente.

La expresión del rostro de Weilburg no era de alegría como quien acaba de descubrir algún gran tesoro, sino por el contrario, se daba cuenta del peligro inminente que asechaba a toda la sociedad. Reconoció que la creencia en la Atlántida y la superioridad de la raza aria era pieza central en la filosofía de Hitler y estaba convencido que así como lo exponía Calvi en la entrevista, si esas filosofías seguían latentes por medio de la masonería en diferentes gobiernos, entonces pudieran dar un resultado nefasto de la misma manera que lo hicieron los jerarcas nazis sobre la sociedad. Desde aquel día el señor Weilburg desistió de la idea de conseguir las ruinas de la ciudad perdida de la Atlántida.

Parte D

El retorno desde el abismo

"Todo lo que he visto me enseña que debo confiar en el Creador a quien no he visto.
—Ralph Waldo Emerson

Capítulo 19
Desaparecidos

2 de Octubre de 2011
10:00 a.m.

El solitario señor Betterson había salido de su rutina y había asistido a la iglesia bautista por invitación de la señorita Canuso. Junto a la familia de Canuso escuchaba el sermón del predicador.

— *"El Señor Jesucristo nos advierte en su Palabra que en los tiempos postreros vendrían días muy peligrosos. Se nos dice en el libro del Apocalipsis que la maldad humana se organizaría de tal forma que llevarían el mundo al caos y una serie de plagas y de juicios serán desatados sobre la tierra. Sin embargo, frente a toda esa incertidumbre que se avecina, Dios ha provisto de un medio de salvación que se encuentra en Jesucristo..."*—seguía la predicación.

Una vez Betterson salió de la iglesia, aquellas palabras del reverendo resonaban en su cabeza como clavos hincados en su conciencia.

Pasadas unas semanas, un suceso milagroso ocurrió en toda la tierra. Fue el momento cuando en un abrir y cerrar de ojos tuvo lugar la desaparición de millones de personas. Fue semejante al relámpago que sale por el oriente y se muestra al occidente. Gente de todas las edades y de todas las profesiones fueron de repente traspuestos hacia los cielos. Hombres, mujeres, niños y ancianos se encontraban entre los millares de desaparecidos. Entre los desaparecidos se encontraba la señorita Canuso. Sus pies vencieron la gravedad y se dirigieron hacia los cielos.

No era poca la gente quienes afirmaban que los millares de desaparecidos fueron raptados por Dios hacia el mismo cielo. Sin embargo, otros trataban de explicar la desaparición de millares de gente como si se tratara de alguna clase de abducción por parte de seres extraterrestres. El caos y la confusión reinaba en la tierra una vez los millones de gente desaparecieron. Como consecuencia de la desaparición masiva de gente de forma misteriosa, ocurrieron toda clase de desastres en la tierra. Pilotos abandonaron sus aviones en pleno vuelo, así mismo muchos pilotos de ferrocarriles y de automóviles dejaron sus autos mientras estos iban en marcha y al desaparecer ocasionaron accidentes sin número. Parte de la emergencia social ocurrió cuando muchos doctores y policías no se encontraban para asistir a la gente pues también fueron desaparecidos. En las calles se oían los gritos desconsolados de padres llamando a sus hijos e hijos llamando a sus padres. Sirenas alborotaban aún más la ciudad en un caos sin precedente alguno.

Betterson se vio perdido entre la gente de la ciudad. Todos incrédulos ante aquel terrible escenario. En cada esquina se podía notar autos chocados contra postes y paredes y gente llorando y herida a causa de los accidentes. El humo que salía de los accidentes invadía las calles. Casi simultáneamente se escuchó en cada calle el sonido de una extraña sirena. Soldados feroces y violentos comenzaron a salir de túneles subterráneos.

—¿Qué sucede? —gritaba una dama de forma desconsolada.

—Nadie sabe, tal parece que los gobiernos activaron al ejército para tratar de controlar el caos y los saqueos que están ocurriendo en todas las ciudades. Son muchos los accidentes y mucha la anarquía que ha ocurrido luego de la desaparición de millares de gente. —dijo un extraño.

Sucedió que los gobiernos que estaban bajo la influencia masónica utilizaron la crisis social que estaba viviendo el mundo para de esta manera imponer a un gobernante mundial. Todos se pusieron de acuerdo para entregarle el poder en las manos a un solo hombre que incorporaba todos sus ideales y que seguía la ideología secreta de conocimientos antiguos. Los diferentes gobernantes le hicieron la propaganda al nuevo líder mundial presentándolo como un genio que resolvería todos los problemas de la raza humana. Se trataba de una agenda para controlar el mundo completo. Dividió la tierra en diez regiones de poder y tomó el poder absoluto. De antemano se habían adueñado de las riquezas de toda la tierra por lo que le resultó muy sencillo el resolver los problemas sociales de: hambre, crisis, deudas, desigualdad económica, y divisiones territoriales. La tierra estaba maravillada ante los grandes logros del llamado "gran líder". Con palabras halagadoras compró conciencias y la gente ciega le rindió sus libertades y depositaron en él la confianza.

Sucedió que luego de los primeros tres y medio años de aquel gobierno mundial el panorama comenzó a cambiar. Se comenzó a perfilar en el ambiente los reclamos dictatoriales del nuevo líder quien pretendía conducir a los humanos como a esclavos, haciendo claramente una separación entre ricos gobernantes y pobres sometidos. Lo que en un principio parecía ser una maravilla humana dio como resultado el sistema más egoísta y dictatorial que jamás haya visto la humanidad.

"Ahora somos como los habitantes de las cuevas prehistóricas. No hay nada que nos distinga de ellos, excepto nuestras máquinas y nuestras técnicas mejoradas para matar."

–Khalil Gihrán

Capítulo 20
El retorno de la Atlántida

El sol ya se estaba poniendo cuando los cielos se comenzaron a llenar de forma extraña de luces aterradoras que causaban gran desmayo y expectación en la gente. Objetos voladores no identificados infectaron los cielos y volaban libremente a la vista de todos. Se trataba de naves asombrosas que fueron creadas en lo secreto por los servicios secretos de las naciones.

—¡Vamos, muévanse! —les ordenaban los soldados a la gente que salían como legiones de demonios en cada esquina.

—¿Hacia donde están llevando a la gente? —preguntó Betterson.

—Todos tienen que dirigirse hacia las plazas. Deben todos acatar las órdenes del gobernante mundial. Todos deben de tener implantada la marca de compra-venta impuesta por el estado y deben de postrarse ante la imagen que se ha erigido en honor al líder de todas las naciones de la tierra. —dijo el soldado.

Betterson se sintió confundido. De repente todo parecía un escenario antiguo semejante al tiempo cuando los emperadores romanos dictatoriales les ordenaban a todos arrodillarse y rendir pleitesía a la estatua de sui nombre.

Betterson miró hacia la plazas y allí pudo ver que la gente hacia largas filas para permitir que el gobierno les implantara la novedosa marca de identificación. A todos aquellos que se negaban eran llevados por la fuerza a lugares desconocidos por la mayoría de la gente. Se comenzó a regar la noticia que todas las naciones eligieron como presidente en común a un hombre que ahora se había convertido en el dictador de todos. Betterson se detuvo a observar un televisor en una vitrina de una tienda que permanecía encendida. Se presentaba la figura del nuevo líder del mundo.

—*Comunidad global, hemos entrado en una nueva era, una era de nueva conciencia de paz mundial. Este es el momento que todos hemos esperado. El momento de la unidad, la paz, la hermandad y la igualdad de todos los seres humanos en la tierra.* —seguía la noticia.

Por un lado se escuchaba al nuevo líder del mundo hablando de paz y de armonía y por otro se obligaba a la gente a dejarse implantar bajo la piel el nuevo sistema de rastreo y compra venta impuesto sobre todos los humanos como si se tratara a la gente como meras mercancías u objetos. Betterson se vio caminando como en un país extraño. Se miraba en los cristales de las vitrinas y no podía reconocerse. Todo era sombrío, oscuro y una pesadez inexplicable dominaba el ambiente. La gente se tornaba mecanizada cuando permitían que el gobierno los marcara por medio de aquella tecnología la cual promocionaban como cosa maravillosa.

Betterson quiso pasar desapercibido y retornar a su casa. De camino se encontraba gente refunfuñando.

—¿Qué le sucede? —le preguntó Betterson a una anciana.

—Sucede que estoy muy molesta. —contestó la anciana.

—¿Cuál es la razón si se puede saber? –indagó Betterson.

—Sucede que ahora no puedo usar mi dinero para comprar en el supermercado. Pusieron un sistema que no usa dinero sino sólo una marca que le ponen a la gente en la mano derecha o en la frente. —contestó ella.

—¿Qué hará? —preguntó Betterson.

—Imagínate, me moriré de hambre o me tendré que dejar poner ese artefacto. —contestó ella.

Betterson trató de adelantar sus pies y retornar a su casa. De momento se percató que mucha gente procuraba esconderse de las extrañas naves en el cielo. Se podía ver en los noticieros como la gente se mostraba impactada y sorprendida ante las miles de apariciones de naves espectaculares creadas por los gobiernos usando tecnologías no conocidas por muchos y procuraban huir de las costas. Betterson procuró huir a los montes tomando un largo camino pues la cuidad se tornó muy violenta y terrible. Cuando Betterson llegó a una vieja casa abandonada se dio cuenta que no era el único que buscaba refugiarse de todo lo que sucedía en la ciudad.

—Váyase de aquí, no queremos problemas —dijo un hombre joven desde el interior de la choza.

—No les causaré problema alguno, sólo huyo por mi vida. —dijo Betterson.

Los dos extraños se miraron y asintieron en dejarlo guarecerse junto a ellos.

—Adelante, ¿Cuál es su nombre? —preguntó uno de los extraños.

—Betterson. —contestó.

—¿Y ustedes? ¿Cómo se llaman? —preguntó Betterson.

—Mi nombre es Daniel y él es Andrew. —contestó.

—¿Qué haremos ahora? —preguntó Andrew.

—Trataremos de buscar refugio en los montes. Quizás encontremos un lugar donde podamos protegernos de lo que acontece en la ciudad. —respondió Daniel.

—No está fácil soportar lo que acontece en la ciudad. —comentó Betterson.

—Así es. Yo pude ser testigo de lo que acontece en muchos montes y en el mar. —dijo Andrew.

—¿Qué es lo que acontece? —inquirió Betterson.

—Puede ver como la tierra se abrió de forma inexplicable y de ella salieron toda clase de naves misteriosas. Naves en forma de discos y con características supersónicas. Estoy seguro que es obra del gobierno. Como si debajo de la tierra hubieran hecho toda clase de túneles y hayan estado elaborando esas cosas. —explicó Andrew.

—Pero eso no es todo, algunos han comentado que vieron como en el mar sucedía lo mismo. Como si debajo del mar también existieran esa clase de bases escondidas donde construyeron esas naves espantosas. Son las mismas que están llenando los cielos. Están aterrorizando a todos con su presencia. —dijo Daniel.

Mientras aun hablaban se escucharon los pasos apresurados de otra persona que buscaba refugio igual que ellos. El hombre venía empapado de sudor y sin aliento. Sus ojos reflejaban espanto y terror.

—¿Qué le sucede? —preguntó Betterson haciéndole señas para que viniera a ellos.

—Son los soldados… —dijo el hombre quedándose sin aliento pues había recorrido un largo trayecto hacia el monte.

—Diga, ¿qué sucede? —preguntó Daniel.

—Están matando a todo aquel que se niegue a postrarse y adorar la imagen del gobernante mundial. Ha levantado una enorme imagen que debe ser adorada por todas las naciones. Todo aquel que se niega es asesinado y ahora pueden localizarlos a todos de manera fácil. A todos aquellos en los cuales implantaron la marca de compra-venta y de rastreo. También los soldados andan como demonios revisando que todo el mundo se ponga la marca del estado ya que todo aquel que no la posea es tildado de terrorista. —dijo el hombre.

Cuando aquel extraño habló vinieron a la memoria de Betterson las palabras del señor Calvi cuando le decía: «*Hablan de paz cuando en su interior reina la guerra y la muerte. Hablan de igualdad cuando en realidad aniquilan naciones enteras. Hablan de un nuevo orden mundial pero lo único que les importa es proteger los intereses de los ricos. Ellos han creído la filosofía que son los dioses ante quien los pobres deben humillarse. Ellos se consideran en la posición superior para determinar la vida o la muerte de quienes quieran.*»

Betterson recordaba también la misteriosa pesadilla que había tenida un día 20 de Septiembre. Todo era tan extraño, como si de antemano un ser divino le hubiera dejado conocer lo que acontecería en el futuro y que ahora se había convertido en una triste realidad.

—¿Qué le sucede? Lo noto tembloroso. —dijo Daniel al mirar a Betterson.

—Las implicaciones de todo esto es muy grande. No podemos permitir que el gobierno nos haga tragarnos la carnada de la marca de implante bajo la piel. Hacerlo es entregarle toda nuestra libertad al dictador que se ha levantado sobre las naciones. Si permitimos eso no tendremos escapatoria. —dijo Betterson.

—No quiero sembrar el terror en ustedes pero lo que vi en la ciudad casi me mata del miedo. —dijo el hombre.

—Vi máquinas horribles con formas de animales pero se movían como si pudieran pensar por si mismas y perseguían a todos aquellos humanos para revisar si poseían la marca y daban muerte a aquellos que no se postraban ante la imagen. —dijo el hombre.

—¿Máquinas? —indagó Daniel.

—Lo que está ocurriendo en la ciudad es completamente paranormal. Es como si fueran alguna clase de tecnología mezclada con legiones de demonios. Esas máquinas poseen ojos encendidos como criaturas infernales. Hay cientos de ellas y se mueven por las ciudades como dirigidas por medio de satélites. —dijo el hombre.

El ambiente era muy tenso. Todos estaban seguros que corrían peligro en cada esquina.

Era ya la media noche cuando se comenzaron a escuchar zumbidos extraños fuera de aquella choza.

—¿Escucharon eso? —preguntó Daniel despertando a sus compañeros.

—¿Qué sucede? —respondió Betterson.

Todos se asomaron de forma temerosa a mirar por las rendijas. Afuera de la choza el ambiente estaba infectado de diminutas máquinas voladoras. Su misión era rastrear y vigilar a los hombres. Varias de ellas en forma de insectos penetraron la choza. Ellos estaban aterrados al ver esa invasión en los aires. El último hombre en llegar llamado Lewis, tomó un pedazo de madera e hizo pedazos a cuanto de los artefactos pudo golpear con un madero.

El líder mundial se había quitado la máscara de benevolencia y ahora se presentaba como el más terrible dictador de todos los tiempos. Incorporaba en su persona toda la avaricia, el odio, el egoísmo, el racismo y su único interés era el desaparecer de la faz de la tierra a todo aquel que fuera considerado una amenaza para su poder. Reclamaba ser el dios de la tierra, el rey, el líder religioso ante quien todos debían postrarse. Las sociedades secretas cuyo culto era la Serpiente fueron los responsables de entronarlo sobre las naciones. Ahora, al incorporar todos los poderes de la tierra admiraban a su líder como al ídolo Poseidón y la tierra misma fue dividida en diez regiones de poder y de control, conforme a la leyenda antigua de la Atlántida. Ahora, los gobiernos que rendían pleitesía a las potencias de la magia y de la hechicería pretendían que todos se postrasen ante la imagen del líder que era venerado como la serpiente antigua.

Sucedió que Betterson y sus compañeros no pudieron permanecer mucho tiempo sin ser vistos. Todos padecían de hambre y sed pues no podían comprar cosa alguna al no tener la marca del estado. Sin embargo, no estaban dispuestos a ceder ya que valoraban más la libertad que la comida.

Un estruendo derribó la puerta de la choza donde los que eran considerados rebeldes se encontraban. Allí estaba Betterson, Daniel, Andrew y Lewis. Todos se mostraron espantados cuando los soldados de forma violenta irrumpieron en su escondite. Los soldados asolaron aquel lugar. Los cuatro amigos fueron conducidos a un paredón donde ya los soldados habían fusilado a millares de gente que no cedieron ante el implante de la marca ni adoraron la imagen del líder mundial.

—Señores, no tienen porque morir. Sólo tienen que permitir que el gobierno les implante la marca y deben rendirle reverencia al líder mundial. —dijo uno de los imponentes soldados.

Frente a ellos se podían ver montañas de cuerpos de los que fueron fusilados por no doblegarse ante el sistema.

—¿A esto le llaman libertad? Aniquilan a todo aquel que no se doblega ante la imagen ni ante la marca. ¿De eso se trata su justicia? ¿Es esa la utopía para la cual ustedes trabajaron por siglos? ¿Solidificar su elite de ricos y conducir a todos los demás como esclavos y mercancía? ¿Considerar a los pobres como inferiores y exaltar una raza que consideran superior? ¿Era esa la ciudad ideal de la cual afirmaban descendían los dioses? —inquirió Betterson.

—¡Cállese! —le gritó un soldado dándole un fuerte golpe en la cabeza.

—Ustedes hablaron de paz mundial y fueron los conspiradores desde el mismo comienzo. Hablaban de una utopía donde reinarían los dioses y ahora pretenden reducir al mundo a ser sus esclavos. Fueron ustedes los que usaban fachadas de piedad y de blancura y tras bastidores conspiraron de tal forma que crearon toda clase de crisis social, hambre, terrorismo, división, revolución, enfermedades, injusticia, y toda clase de cosa perversa y ahora pretenden que se le rinda reverencia al mismo demonio personificado en un hombre que es símbolo de todas sus maldades, la suma de toda cosa perversa. —dijo Betterson envuelto en rabia.

Otro de los soldados volvió a golpear a Betterson fuertemente. La sangre corría ante la violencia de sus verdugos.

Los cuatro compañeros fueron puestos en guillotinas. Sólo un momento separaba la agonía de la libertad. Los verdugos soltaron las guillotinas sobre sus cabezas. Ni siquiera el mayor de los castigos pudo doblegarlos pues fueron completamente libres. Prefirieron la muerte antes que ceder su libertad.

FIN

Libros de interés general que puedes conseguir en las tiendas de Amazon.com

COSAS QUE EL ABUELO HACÍA EN SECRETO PARA MEJORAR SU SALUD - DINO ALREICH

Este es la clase de libros que tiene el poder de hacer cambios positivos en los lectores. Está lleno de secretos tanto para la salud, así como para el alma. Un libro que no solo leerás, sino que compartirás con los amigos a quienes amas.

Nunca nadie conoció los secretos del abuelo, hasta ahora... Nos revela los secretos para una longeva vida, paz interior, armonía con los semejantes, y nos brinda 'tips' para lograr la salud que todos buscamos. El abuelo y sus consejos te guiarán por un camino de bienestar que nunca imaginaste, el poder para cambiar tu vida.

CONSPIRACIÓN WATCHTOWER - DINO ALREICH

Este es un libro inquietante que nos muestra el lado oscuro de una secta que va casa por casa en diferentes partes del mundo cazando almas de hombres. Se presenta un estudio profundo de las doctrinas y falacias que ha construido una colosal secta llena de engaños y enredaderas.

Toda una compleja maquinaria económica dispuesta a servir como caballo de Troya contra el cristianismo. Conspiración, mentiras, tergiversación del mensaje cristiano, sectas falsas en la sociedad, todo es parte de un esquema oscuro elaborado por los urdidores "illuminatis" del Nuevo Orden secular. Este libro se presenta como un alerta contra las falsas sectas.

EL RESURGIR DE LA ESVÁSTICA - DINO ALREICH

Christopher Borazzo, un antropólogo y profesor, tiene una enigmática y misteriosa revelación, en la cual ve el levantamiento mundial de una nueva dictadura nazi. Se ve envuelto en una pesadilla donde es testigo de las maniobras de las sociedades secretas, cultos religiosos y líderes mundiales para someter la política internacional, la economía, las religiones....

Esta novela surge de la investigación moderna en torno a los neonazis, profecías bíblicas, teorías de conspiraciones y del acontecer noticioso pasado y contemporáneo. El libro trata de unir los cabos sueltos que componen la historia a la vez que busca descifrar el significado apocalíptico y la posibilidad de que dichos libros sagrados los hubieran escrito para advertirnos a todos de lo que sucederá el día de mañana en todas las naciones.

¿Qué misterio se oculta en las antiguas profecías de los libros sagrados de Daniel y Revelación?

Durante siglos, el significado de las antiguas profecías se había mantenido en secreto para el mundo… hasta ahora.

DESPUÉS DE DESHECHA MI PIEL (LÁGRIMAS DE UNA GUERRA ESPIRITUAL) –DINO ALREICH

Lágrimas de una guerra espiritual / ¿Sientes que tu vida se encuentra sumergida en el pozo de la desesperación? ¿Piensas que los problemas de la vida son como un torbellino que vienen a derribar todo alrededor? Cuestionas constantemente a Dios sobre su presencia frente a las angustias y pruebas que se nos presentan en la vida. Esta es la historia de un hombre que en su carne pasó por el mismo infierno pero sin quemarse uno solo de sus cabellos. Esta historia verídica te brindará herramientas y fortaleza para ayudarte a cruzar a la otra orilla. Este libro está dedicado a toda persona que sufre por alguna razón. A aquella persona que se acaba de enterar que padece alguna enfermedad angustiosa y crónica. A aquellos padres y madres que sufren por sus hijos. A aquellos hijos que sufren por la ausencia de sus padres. A aquella mujer sola y desconsolada por la partida de su esposo o familiares. A aquel hombre abandonado junto con sus hijos. A aquel hombre de negocio que lo ha perdido todo y al parecer se quiebran sus sueños. A aquellos que buscando refugio en Dios han caído en las redes de inescrupulosos mercaderes de templos. A aquellos que viven en el triste exilio y no tienen amistades. A aquellos que padecen hambre y no encuentran amigos. A aquellos que piensan que no hay nada bueno reservado para ellos en esta tierra y piensan en partir y reducir sus días. A aquellos cristianos que por su fidelidad a Dios han sido perseguidos y afligidos por angustiadores. A aquellos jóvenes que han sido violados y disturbados en lo más profundo. A aquellos que derraman lágrimas en lo secreto. A aquel hombre o mujer que mora solitario sin ver una mano amiga. A aquellos que sienten que le faltan fuerzas para superar las dificultades de la vida. Recibe fuerzas, aliento y fe por medio de esta inspiradora lectura.

YO VI A DIOS ESCRIBIR EN EL CIELO UN ENIGMA SOBRE APOCALIPSIS – DINO ALREICH

¿Existe la posibilidad de poder predecir con certeza y precisión lo que acontecerá el día de mañana? Este libro no solo lo confirma, sino que ilustra de forma minuciosa eventos trascendentales que han de tener lugar en el mundo en los tiempos que se aproximan. Cataclismos, terremotos, genocidio, fenómenos climatológicos, guerras, conspiraciones, reducción poblacional y hambre en toda la tierra; son solo algunos de los elementos que acompañan esta visión. Todo es parte de un panorama apocalíptico que fue revelado a un hombre hace más de dos mil años atrás. ¿Qué significado e implicaciones de impacto para nuestras vidas tiene el simbolismo apocalíptico de: los cuatro jinetes, las siete trompetas, las siete copas, los siete sellos, los diferentes ayes, y la intervención de los ángeles del juicio sobre el planeta tierra? ¿Estás preparado para afrontar el Apocalipsis? Este libro nos permite ponernos a prueba y descifrar cuan preparados o desprevenidos podemos estar en la hora más crucial del planeta tierra. Sin duda alguna, este libro es una herramienta para prepararnos para el tiempo que ya es inminente.

SEÑOR, ¿CUÁL ES MI PROPÓSITO EN ESTA VIDA? –DINO ALREICH

Cuántas veces nos hemos preguntado acerca de nuestro propósito y destino en esta vida. Venimos a este mundo no por voluntad propia sino por la voluntad del Creador. Ya estamos aquí, nos hicieron nacer, crecer y desarrollarnos en esta Tierra, pero ¿Cuál es el propósito de nuestra existencia? ¿Por qué estamos aquí? ¿Hacia dónde vamos? ¿Qué retos nos ha puesto nuestro Creador? ¿Seremos vencedores en este peregrinaje llamado vida? Esas son algunas de las preguntas que nos contesta este hermoso libro el cual fue en algún momento publicado bajo el tema "Lluvia de amor para el alma sedienta". Este libro es uno lleno de enseñanzas, reflexiones, oraciones y todo un estudio profundo del corazón de Dios y del corazón del hombre. Nos presenta una inspiradora ilustración de la existencia del hombre, antes de nacer, en el vientre materno, en el nacimiento, y en nuestro crecimiento y desarrollo en la vida. Esta nueva edición fue preparada en letra grande para beneficio de los lectores. Sin duda alguna, un libro muy especial que te ayudará en medio de este peregrinaje. El autor ha publicado anteriormente los libros: El Resurgir de la esvástica, Conspiración Watchtower, Cosas que el abuelo hacía en secreto para mejorar su salud Tomo I y II, El misterio del reino de los cielos revelado, Por amor al llamado, Yo vi a Dios escribir en el cielo un enigma sobre Apocalipsis, El ángel, la luna y la paloma, entre otros.

EL ABUELO SABIO Y SUS AMIGOS – CARISSA L. OLMO

El abuelo Sabio y sus amigos es un libro que posee un gran valor educativo. Es una guía práctica que se compone de diversidad de dramas o cuentos ideales sea para dar una presentación utilizando marionetas en actividades cristianas, o simplemente para leerle un interesante cuento a sus niños antes de dormir. Es una herramienta que sirve para preparar líderes que puedan llevar un mensaje por medios creativos y coloridos. Son historias basadas en los valores bíblicos y cristianos que logran impartir fe, esperanza, amor y demás frutos. Este libro es el primero de una serie que apenas comienza y donde la autora irá aportando herramientas sea para uso familiar o para uso de iglesias, escuelas con ópticas cristianas. Este libro se divide en dos partes, en la primera, el libro comienza siendo una guía detallada que lo hará experto en el uso de marionetas, y en la segunda parte, se presentan diversidad de dramas e historias que no nos dejarán indiferentes. Un libro altamente recomendable.

Sobre la autora Carissa Lee Olmo, es una educadora tanto en el ámbito eclesial como en el secular. Es una mujer luchadora, esposa y madre. En este primer libro, la autora presenta una enriquecedora serie de enseñanzas de valores cristianos con enfoque en la niñez. La autora, aunque nacida en los Estados Unidos, se trasladó a Puerto Rico donde estudió logrando entrar a la Universidad de Puerto Rico, recinto de Mayagüez, graduándose con honores. En su libro lleva la inquietud de poder formar una generación donde perduren los valores, la justicia, la igualdad, y aquellas cosas positivas donde se construyen personas de bien.

EL APÓSTOL PABLO
– DINO ALREICH

El apóstol Pablo: La historia y ejemplo de un verdadero guerrero es la historia verídica de un hombre de guerra, celoso religioso fariseo y asesino de cristianos que cuando menos lo esperaba tuvo un encuentro con el Dios a quien él perseguía. Narra la historia emocionante e increíble de las primeras experiencias cristianas en el mundo entero. Se trata de un libro lleno de relatos de milagros, sangre derramada y el esfuerzo de gente valiente por mantener la fe en un mundo contradictor. Muestra en detalle la vida del más grande de los apóstoles y su legado para ser un modelo de misiones. Originalmente este libro fue publicado bajo el nombre 'Por amor al llamado' y es ahora que el autor nos presenta esta nueva versión en letra grande para beneficio de los lectores. Sin duda alguna, un libro que nos conduce a recobrar la fe y el valor en tiempos de persecución. Esta apasionante historia no te dejará indiferente.

LO QUE TODO AUTOR DEBE CONOCER AL ESCRIBIR SU OBRA – ALANIS WHITAKER

¿Eres un autor o escritor? ¿Te consideras un aspirante a serlo? Este libro es una importante guía que no debe ser ignorada por autores o escritores. La autora Alanis Whitaker nos hace un importante aporte en torno a las implicaciones legales que conllevan la creación de una obra. Explora de forma muy práctica los temas de los derechos de autor, propiedad intelectual y plagio. Nos brinda dirección y seguridad a la hora de escribir nuestras obras para no incurrir en delitos o violaciones de las leyes de los países. Nos orienta de forma efectiva sobre el legado histórico de las protecciones existentes para autores y para sus obras en diversidad de países. Identifica de forma clara los límites autorales y legales que competen al mundo de los escritores. Sin duda alguna, un libro que no debe faltar en nuestra biblioteca.

LA SIRENA SAGRADA
– SIREESHA GOODMAN

Cosas extrañas suceden en la tierra, ¿estás preparado para enfrentar la verdad? Avistamientos de sirenas ¿se trata del producto de la imaginación del hombre o hay algo más en todo esto? ¿Se trata de un descubrimiento de importancia nacional o de alguna clase de nuevo terrorismo por mano de la ingeniería genética moderna? ¿Puede la ciencia moderna crear súper humanos y quimeras? En este libro la escritora Sireesha Goodman hace sus debut con un magistral libro que nos introduce en el mundo misterioso de las sirenas, el origen de la leyenda, su historia, su influencia en el mundo y cómo afecta en nuestros días. Presenta una serie de datos que cautivarán al lector con lo interesante de sus ideas. Un libro muy bien trabajado que no nos dejará indiferentes.

Muy poca gente conoce que en la propia Biblia los israelitas se enfrentaron en una batalla sobrenatural contra la diosa sirena. Las sirenas han estado influenciando toda clase de cultos en el mundo y son parte de ellos. Este libro nos sorprende con evidencias contundentes de una realidad ignorada por muchos. ¿Sabía usted que el propio culto a la virgen María tiene sus raíces en el culto a deidades antiguas vinculadas a la diosa de los mares? Sirenas, gigantes, quimeras y seres increíbles son parte de un legado histórico que no deja de asombrarnos. Mucho más nos sorprenderá lo cerca que están de nosotros y muchos lo ignoramos. Este es un libro intrigante e inquietante que superará toda expectativa.

EDIFICANDO MI CASA SOBRE LA ROCA –DINO ALREICH

'Edificando mi casa sobre la roca: Defendiendo nuestra generación de los golpes de espada enemiga' es un libro cristocéntrico que tiene como meta afirmar los fundamentos de fe judeocristianos que nos han sido legados. Es una respuesta y afirmación de fe en respuesta a los vientos de oposición modernos que vienen a amenazar los valores, la ética, la moral y las sanas prácticas espirituales. Este libro nos invita a volver a los fundamentos cristianos y avivar nuestra fe en estos tiempos turbulentos. El libro nos hace un reto a ser gente separada para Dios por medio de una lectura llena de enseñanzas.

EL ÁNGEL, LA LUNA Y LA PALOMA – DINO ALREICH

La más hermosa historia de amor jamás contada. Un amor que excede toda razón y pensamiento. Una odisea sin igual de una reina en búsqueda de su amado. De cómo venció todos los peligros del camino hasta llegar a él. Un camino que estuvo lleno de aventuras, milagros y secretos que hacen de esta historia una única y especial. Ella estuvo dispuesta a enfrentar a todos los enemigos del malvado rey León con tal de alcanzar a aquel a quien amaba su alma. Dios mismo simbolizado en el rey, y el lector siendo parte de la amada. Una historia que transmite el amor de Dios en cada página. Una historia trepidante que no te dejará indiferente. Basado en el Cantar de los Cantares del rey Salomón. Esta es la historia más sublime contada por un padre a sus hijos.

MAYAS: EL CICLO DESCONOCIDO – DINO ALREICH

El libro explora de forma elegante el mundo arqueológico maya y nos adentra en el suspenso de las profecías apocalípticas. Basado en hechos reales y en una extensa documentación el autor recrea en la ficción la hipótesis de las predicciones mayas como eje de cambios planetarios venideros. Dos protagonistas desgranarán los misterios proféticos mayas: el Doctor Eugene Smith, un prestigioso arqueólogo y el fotógrafo Jacob Burke. Ambos coincidirán en un viaje desde Estados Unidos hacia México con el fin de explorar el mundo maya. Juntos encontrarán en Chiapas el Templo de las Inscripciones, el sarcófago del Gran Pakal e iniciarán un periplo insospechado pero revelador sobre tiempos futuros.

NAZIS: MÁS ALLÁ DEL 2012 –DINO ALREICH

Los periodistas Daniel Godwin y Eli Salem reciben una enigmática llamada de Alexander

Deike, un ex soldado de la Schutz-Staffel (SS) de Hitler. El misterioso anciano asegura tener un mensaje que el mundo debe conocer. Antes de desaparecer de forma misteriosa, Alexander Deike hace unas declaraciones donde revela los secretos más guardados de la potencia fascista cuya marioneta fueron los nazis. Alexander Deike identifica a las fuerzas y grupos de poder que actúan en la sombra manipulando a la sociedad y gobernando al mundo y cuyas raíces se pierden en el antiguo Egipto y en Babilonia. Estas revelaciones nos pone en alerta sobre lo que pudiera llegar a ser un nuevo holocausto. ¿Ficción o realidad? ¿Qué posible mensaje se encuentra codificado entre las páginas de este libro?

EL MISTERIO DEL REINO DE LOS CIELOS REVELADO (LAS PARÁBOLAS DE JESÚS EXPLICADAS) – TOMO I

En este primer tomo, el autor aborda con maestría y profundidad temas teológicos o espirituales de las enseñanzas centrales y básicas de Jesucristo acerca del misterio del reino de los cielos. En este libro se nos presenta un cuadro práctico y ameno sobre los siguientes temas: *La parábola de los dos cimientos, La parábola del sembrador, La parábola del trigo y la cizaña, La parábola de la semilla de mostaza, La parábola del la levadura, La parábola del tesoro escondido, La parábola de la perla de gran precio, La parábola de la red, La parábola de los tesoros nuevos y viejos, La parábola de la*

oveja perdida, La parábola de los dos deudores, La parábola de los obreros de la viña, La parábola de los dos hijos... Este libro es el primero de una serie de estudios llenos de enseñanzas edificantes.

EL MISTERIO DEL REINO DE LOS CIELOS REVELADO (LAS PARÁBOLAS DE JESÚS EXPLICADAS) – TOMO II

En este segundo tomo, el autor nos lleva a explorar las enseñanzas de parábolas con un mensaje trascendental para el ser humano tales como: Los labradores malvados, La higuera estéril, La fiesta de bodas y Las diez vírgenes. En este tomo el autor aborda temas de carácter apocalípticos o escatológicos y eventos que se encuentra en la Sagrada Biblia que se convertirán en la historia del mañana así como el papel que juega el hombre dentro de ese escenario. Esta es la continuación de una maravillosa serie llena de grandes enseñanzas.

COSAS QUE EL ABUELO HACÍA EN SECRETO PARA MEJORAR SU SALUD (TOMO I Y II) -DINO ALREICH

En este libro, el autor Dino Alreich recoge lo mejor de los primeros dos tomos de la serie "Cosas que el abuelo hacía en secreto para mejorar su salud". En el primer tomo, el autor nos reveló muchos secretos de salud que pueden hacer cambios muy positivos en la vida de los lectores. Un libro lleno de "tips" muy necesarios para un bienestar integral. En el segundo tomo, el autor nos ayuda a explorar el camino de la salud para una longeva vida, paz interior y armonía con los semejantes. El autor nos presenta secretos inimaginables que están a nuestro alcance y que pueden transformar nuestro espíritu, alma y cuerpo. Sin duda alguna, nos conduce a redescubrir sorprendentes alternativas que causarán un impacto revolucionario en nuestra vida y en la de nuestros seres queridos. Este es la clase de libro que compartirás con la gente a quien amas. Este es un libro completo en cuyas páginas encontrarás un tesoro de salud para toda una vida.

Cómo logré subir mi Fracción de Eyección (EF) de 20% hasta un 60% -Alejandro Cienfuegos

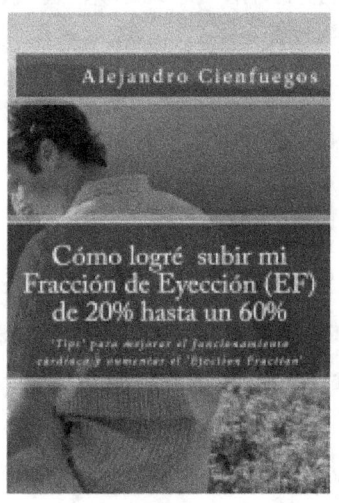

Este libro es el testimonio vivo de un hombre que estuvo al borde de la muerte en múltiples ocasiones a causa de un fallo cardiaco crónico que le debilitó de forma extrema, pero esta obra no se trata de la crónica de su muerte sino del relato de superación y de victoria contra una popular enfermedad. El autor nos comparte diversidad de 'tips' que le ayudaron a subir su Fracción de Eyección (EF). En el testimonio del autor se narra cómo pudo subir de un 20 % hasta alcanzar un 60%. El autor revela los secretos que son parte de su testimonio de cómo pudo ir contra todos los pronósticos y nos presenta diferentes alternativas que pueden ayudar la salud de persona de todas las edades. Esta es la clase de libros que desearás compartir con aquellos familiares y amigos a quienes amas y les deseas el bienestar. Este es un libro que nos invita a trascender, a ir más allá de la mera salud física, nos invita a buscar alternativas saludables y a cultivar la espiritualidad y la fe en Dios. Un libro que toda persona debe leer.

Para novedades visita:
http://tumundodelibros.blogspot.com

www.ingramcontent.com/pod-product-compliance
Lightning Source LLC
Chambersburg PA
CBHW060613290526
45793CB00001B/17